# *Lexikon vom* Käse

# *Lexikon vom* Käse

KOMET

Gesamtherstellung: Komet Verlag GmbH, Köln

Text: Gerhard Waltmann, überarbeitet und ergänzt von Annerose Sieck
ISBN 3-89836-446-1
www.komet-verlag.de

# Inhalt

# Einführung

## Die Geschichte

Es ist nicht mehr nachzuvollziehen, seit wann sich der Mensch von Käse ernährt. Es ist aber anzunehmen, dass der Zufall bei der Entdeckung des Käses als wohlschmeckendes Nahrungsmittel etwas mitgeholfen hat. Vielleicht wollte eine sparsame Ur-Hausfrau die Reste der gegorenen Milch nicht wegschütten und begann, damit zu experimentieren. Wer weiß? Sicher ist aber, dass die Geschichte des Käses weit in die Frühzeit zurückreicht. Erste Aufzeichnungen darüber stammen aus Mesopotamien, dem Land zwischen Euphrat und Tigris, und sind gut 5000 Jahre alt. Eigentlich faszinierend, dass ein Land, welches heute vorwiegend aus Wüste besteht, einst eine ertragreiche Milchwirtschaft hatte. Auch die Trojaner wussten bereits, wie aus Labgerinnung und anschließendem Abtropfen in durchlöcherten Gefäßen aus Milch eine käseähnliche Masse wurde. Wahrscheinlich war dieses gesunde Produkt mit dafür verantwortlich, dass sie den Griechen während des bekannten Krieges so lange Widerstand leisten konnten. Nach und nach verfeinerten die Menschen durch Auspressen, Salzen und Trocknen ihre zwar bescheidene, aber sehr erfolgreiche Käseproduktion. So wurde dieses Milchkonzentrat zu einem Hauptbestandteil der menschlichen Ernährung, eine gute Nahrungsreserve und hochgeschätzt. Noch bis ins 19. Jahrhundert gehörte zur Aussteuer der Braut auch Käse. Seit frühester Zeit war man bereits rund ums Mittelmeer eifrig damit beschäftigt, die Käseherstellung zu perfektionieren. Ein Volk lernte vom anderen, sogar große römische und griechische Gelehrte mischten erfolgreich bei der

Geschmacksveredelung mit. Auch die Kelten, die in Süddeutschland, der Schweiz, den Benelux-Ländern und dem heutigen Frankreich lebten, bauten geschickt eine Käseproduktion auf. Um das Jahr 1000 entstanden die ersten großen Städte. Der Handel begann zu florieren, vorwiegend der Tauschhandel mit Naturalien. Seit dieser Zeit sind die großen Traditionskäse wie Parmesan, Gorgonzola, Roquefort, Taleggio, Appenzeller, Gouda, Edamer, Cheddar u. v. a. bekannt. Besonders in den Klöstern Frankreichs und Deutschlands wurde die Käseherstellung gepflegt und weiterentwickelt. In den Informationen über die Käsearten finden Sie eine ganze Reihe dieser klösterlichen Köstlichkeiten.

## Die Herstellung

Das Ausgangsprodukt für alle Käse ist die Milch. Vorwiegend Kuhmilch, hin und wieder kann es auch Schaf-, Ziegen oder Büffelmilch sein. Je nachdem, ob die Milch roh bleibt oder erhitzt wird, spricht man von Rohmilchkäse oder von Käse aus pasteurisierter Milch. Rohmilchkäse sind etwas aromatischer im Geschmack als ihre Artgenossen aus wärmebehandelter Milch. Gourmets schätzen sie besonders, und mittlerweile haben sie einen beachtlichen Marktanteil erobert. Die Herstellungsverfahren sind so unterschiedlich wie die Käsesorten. Nachstehend eine kurze Zusammenfassung der wichtigsten Schritte:

- Die frische Milch wird in der Käserei kurz auf 75 °C Grad erhitzt (pasteurisiert), damit eventuelle Bakterien abgetötet werden. Je nach Käseart wird der Milch Fett hinzugefügt oder entzogen.
- Jetzt muss die Milch gesäuert werden, damit sie gerinnt. Denn nur „dickgelegt", wie es im Fachjargon heißt, lassen sich die festen Stoffe (Eiweiß und Fett) von der flüssigen Molke trennen. Dazu werden Milchsäurebakterien, Lab oder eine Mischung aus beiden genommen.
- Das Kasein, ein Eiweiß der Milch, gerinnt. Es entsteht der Käsebruch. Je kleiner die Bruchkörper, desto fester wird der Käse.
- Mit einem rotierenden Messer, der so genannten Käseharfe, wird die gallertartige Masse geschnitten.
- Käsebruch und Molke werden durch Rühren, Kneten, Erhitzen und durch Ablaufen oder Auspressen der Molke getrennt. Anschließend wird der Teig in die richtige Form gebracht.
- Die Käselaibe werden mit Salz eingerieben oder kurz in eine Salzlake gelegt. Dadurch wird der Laib stabiler, die Rinde fester und das Produkt aromatischer.
- Die abgetropften Käse reifen dann in stets gleichbleibend temperierten Kellern, Höhlen o. Ä.
- Während dieser Zeit sind Bakterien, Enzyme, Hefen und Edelschimmel daran beteiligt, aus einem Milchkonzentrat die unterschiedlichsten Käse entstehen zu lassen.

Zur Verdeutlichung der Abbildung: 100 g junger Gouda enthält 40 g Wasser und 60 g Trockenmasse. Die Trockenmasse setzt sich zusammen aus 30 g Fett (F), 25 g Eiweiß (E) und 5 g Vitaminen und Mineralstoffen (V).

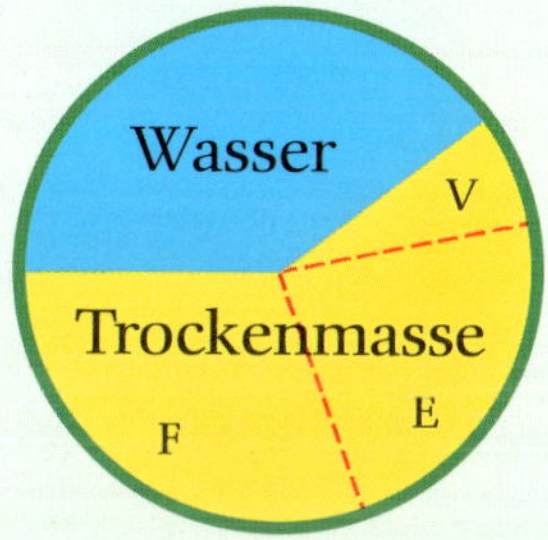


## Rohmilchkäse und die Affinage

Käse wird aus zwei Arten von Milch gewonnen. Industrieller Käse (Molkereikäse) wird aus hygienischen Gründen und wegen besserer Transport- und Lagermöglichkeiten aus pasteurisierter, also wärmebehandelter Milch hergestellt. Rohmilchkäse wird aus roher, also noch „lebender", unbehandelter Milch hergestellt. Die Aufschrift „au lait cru" auf französischem Käse weist stets auf Rohmilchkäse hin.

Die stetig steigende Anzahl von Molkereien und Käsefabriken hat zu einer Verbesserung der Durchschnittsqualität von Käse geführt. Dennoch wird ein guter Bauernkäse (Rohmilchkäse) einem Molkereikäse immer überlegen sein. Nur ein Rohmilchkäse hat den typischen Geschmack und die

Eigenschaften der Region, aus der er stammt. Leider stellen immer weniger Bauern Rohmilchkäse her, denn der Zeit- und Arbeitsaufwand bei der Herstellung in kleinen bäuerlichen Betrieben ist sehr groß. Die frisch gemolkene Milch muss sofort in Handarbeit verkäst werden, und das Tag für Tag. Auf einem Bauernhof wird Käse mit viel Arbeitseinsatz, Liebe und äußerster Hygiene produziert. Da die Käsebauern jeden Tag aufs Neue mit der Herstellung von Rohmilchkäse beschäftigt sind, überlassen sie ihre Produkte nach dem Vorkäsen meist einem Affineur, was mit „Käseverfeinerer" übersetzt werden kann.

Der Affineur ist es, der mit seinem Fingerspitzengefühl und Wissen den noch jungen Käse auf seiner Reise zum geschmacklichen Höhepunkt begleitet. Er holt sich den jungen Rohmilchkäse

in seinen Keller, in dem hohe Luftfeuchtigkeit und kühle Temperaturen herrschen. Hier wird der Käse affiniert. Wie neuer Wein im Fass, so wartet auch ein eben aus der Form genommener und gesalzener Käse darauf, dass der Kellermeister ihm die Pflege zuteil werden lässt, die er benötigt. Die Affinage bestimmt in entscheidendem Maße über Geschmack und Qualität des Endprodukts.

Lagerung und Reifung

Zunächst entfernt der Affineur die Verpackung, damit er die Entwicklung jedes einzelnen ihm anvertrauten Exemplars überwachen kann. Dies geschieht durch fachgerechte Lagerung, regelmäßiges Drehen der Käselaibe, Abbürsten des entstandenen Reifungsschimmels und durch das Einreiben mit einem nach eigener Rezeptur hergestellten Sud, welcher jedes Affineurs persönliches Geheimnis ist.

Käse aus bestimmten Regionen werden mit alkoholischen Essenzen aus der dortigen Produktion eingerieben. Zu beachten ist dabei, dass der Käse nicht nach Alkohol schmecken, sondern seinen typischen Geschmack behalten soll. Es verhält sich wie mit dem Salz in der Suppe: Der Wein sorgt nur für die Abrundung des Geschmacks. Affinage heißt, viel Zeit, Liebe und Geduld für die Reifung des Käses aufzubringen. Erst wenn der Käse je nach Art und unterschiedlicher Reifungsdauer à point gereift ist und infolgedessen sein Aroma voll zum Ausdruck kommt, verlässt er den Keller des Affineurs.

Der Affineur in seinem Käsekeller

## Die Inhaltsstoffe

Käse bestehen aus Eiweiß, Fett, Kohlenhydraten (Milchzucker), Vitaminen, Mineralstoffen und Wasser. Diese Bestandteile, mit Ausnahme des Wassers, bilden die Trockenmasse. Je höher die Trockenmasse eines Käses, desto härter ist der Käse. Frischkäse enthalten viel Wasser, deshalb haben sie einen niedrigen Anteil an Trockenmasse. Je länger ein Käse reift, desto mehr verdunstet das in ihm enthaltene Wasser. Der Laib wird kleiner, aber der Trockenmasseanteil bleibt konstant. Deshalb schreibt das Gesetz vor, auf der Verpackung den Fettgehalt in „Prozent Fett in der Trockenmasse" (% Fett i. Tr.) anzugeben. Der absolute Fettgehalt des Käses beträgt wiederum nur etwa die Hälfte des in der Trockenmasse angegebenen Fettes. Die andere Hälfte der Trockenmasse besteht aus Eiweiß, Vitaminen und Mineralstoffen.

### Die Fettstufen von Käse

Alle Käse lassen sich, je nach ihrem Gehalt an Fett, in unterschiedliche Stufen einteilen. Diese sind:

| | |
|---|---|
| Magerstufe | weniger als 10 % Fett i.Tr. |
| Viertelfettstufe | 10 % bis 19 % Fett i.Tr. |
| Halbfettstufe | 20 % bis 29 % Fett i.Tr. |
| Dreiviertelfettstufe | 30 % bis 39 % Fett i.Tr. |
| Fettstufe | 40 % bis 44 % Fett i.Tr. |
| Vollfettstufe | 45 % bis 49 % Fett i.Tr. |
| Rahmstufe | 50 % bis 59 % Fett i.Tr. |
| Doppelrahmstufe | 60 % bis 85 % Fett i.Tr. |

## Schimmel

Als besonderer Geschmack in Blauschimmelkäse oder als weißer Außenschimmel auf Camembert oder Brie ist er erwünscht und nicht gesundheitsschädlich. Bei weiß-grünem oder blau-grünem Schimmel auf wasserreichen Käsesorten wie Frisch-, Weich- oder Schnittkäse ist Vorsicht geboten. Diese Kulturen sind wild gewachsen und können zu Vergiftungen führen. Befallener Käse sollte weggeworfen werden. Hartkäsesorten können bei unerwünschter Schimmelbildung an der Rinde anders behandelt werden. Da diese Käse sehr fest sind und nur wenig Wasser enthalten, haben sie eine natürliche Sperre gegen fremde Eindringlinge. Wenn das befallene Teil großzügig abgeschnitten wird, ist der Käse unbedenklich zu verzehren.

A propos Rinde: Natürlich gereifte Käserinde ist im allgemeinen essbar, aber nicht jedermanns Geschmack, da sie oft bitter und etwas nach Ammoniak schmeckt. Mit Paraffin oder Wachs behandelte Oberflächen sind ungenießbar.

### Käse und Gesundheit

Einer der Vorzüge von Käse liegt in seinem bedeutenden Anteil an hochwertigem tierischen Eiweiß, das der Körper zum Zellaufbau der Knochen, Muskeln, Organe, Nerven und des Gehirns benötigt. 70–75 Gramm Eiweiß braucht der Mensch pro Tag, davon sollten 35–40 Gramm hochwertiges tierisches Eiweiß sein. Der Restbedarf kann mit pflanzlichem Eiweiß gedeckt werden. Durch die Käsereifung erfolgt eine Art Vorverdauung des Eiweißes, wodurch es leichter verdaulich wird.

Das Fett des Käses ist als Energiespender und Lieferant fettlöslicher Vitamine von großer Bedeutung. Der Anteil an wasserlöslichen Vitaminen ist durch das Abfließen der Molke gering. Wichtig für die Knochensubstanz und zur Vorbeugung gegen Bluthochdruck und Kreislaufstörungen ist die Kalziumaufnahme für den Menschen. 100 Gramm Käse decken bis zu 100 Prozent des täglichen Bedarfs an Kalzium. Hartkäse sind frei von Kohlehydraten und verfügen über einen niedrigen Cholesteringehalt. Der hohe Eiweißgehalt wirkt einer Überversorgung mit Kohlenhydraten und Fetten entgegen. Bei Leberschäden ist Käse wegen seines leicht verdaulichen, hochwertigen Eiweißgehaltes empfehlenswert – er dient der Erneuerung geschädigter Leberzellen. Er fördert die Heilung von Knochenbrüchen und hilft beim Wiederaufbau des geschwächten Organismus nach verringerter Nahrungsaufnahme (Appetitlosigkeit) oder nach Fieber. Sogar gegen Karies soll er eine vorbeugende

Wirkung haben: Die wasserlöslichen Käsebestandteile wie Kalzium und Phosphor stimulieren den Speichelfluss und fördern die Remineralisierung des Zahnschmelzes.

Vergleicht man die Inhaltsstoffe von Schafs- und Ziegenmilch, kommt man zu folgendem Ergebnis: Ziegenmilch enthält besonders viel Kalium, Schafsmilch viel Kalzium, Phosphor und Brotsäure – letztere baut das lebenswichtige Eiweiß der Zellkerne auf und sorgt somit für die Zellregulierung. Manche Ernährungswissenschaftler raten daher Menschen ab dem 40. Lebensjahr, regelmäßig Schafskäse oder Schafsmilch zu konsumieren, um sich länger vital und jung zu halten.

Ziegenmilch, Schafsmilch und der daraus gewonnene Käse werden heute auch als Heilmittel gegen Allergien empfohlen. Ärzte haben die Erfahrung gemacht, dass Allergien verschwinden, wenn Patienten ihre Ernährung von Kuh- auf Ziegen- oder Schafsmilchprodukte umstellen.

Käse ist praktisch vollständig verdaulich, da er so gut wie keine unverdaulichen Bestandteile wie zum Beispiel Ballaststoffe enthält. Er hat aufgrund seines Fett- und Eiweißgehaltes einen hohen Sättigungswert. „Käse schließt den Magen" lautet ein altes Sprichwort. Es besagt, dass sich Käse besonders gut dafür eignet, eine Speisenfolge abzuschließen: Anstelle eines unangenehmen Völlegefühls stellt sich ein anhaltendes Wohlbefinden ein.

## Die Käsegruppen

Die deutsche Käseverordnung unterteilt den Käse nach seinem Gehalt an Trockenmasse. Der Anteil der Trockenmasse legt fest, ob es sich um einen Frisch-, Weich-, Schnitt- oder Hartkäse handelt. Ziegen- und Schafskäse finden Sie in fast allen Käsegruppen.
Die Einteilung der Käsesorten nach der deutschen Käseverordnung:

| Gruppe | Trockenmassegehalt |
|---|---|
| Sauermilchkäse | kein Mindestgehalt vorgeschrieben |
| Frischkäse | mindestens 18 % |
| Weichkäse | mindestens 35 % |
| Halbfester Schnittkäse | mindestens 44 % |
| Fester Schnittkäse | mindestens 49 % |
| Hartkäse | mindestens 60 % |

## Frischkäse

Frischkäse sind Käse, die langsam abgetropft sind und nur eine Milchsäuregärung durchgemacht haben. Sie reifen überhaupt nicht, sondern werden frisch gegessen. Im Prinzip ist jeder Käse in seinem Anfangsstadium vor der Reifung (Fermentation) ein Frischkäse.
In Konsistenz und Fettgehalt unterscheiden sich die Frischkäse, die Herstellung ist immer die gleiche. Milch oder Sahne muss für die Herstellung pasteurisiert sein.

## Weichkäse

Bei Weichkäse handelt es sich um gereiften Käse, entweder aus roher oder pasteurisierter Milch. Diese Käse gibt es mit Weißschimmelbildung und gewaschener Rinde. Sie reifen von außen nach innen.

Bei der Herstellung von Weißschimmelkäse wie Brie oder Camembert werden Reinkulturen von *Penicillium candidum* eingesetzt. Der weiße Camembertschimmel soll auf dem Käse einen reinweißen, dichten, nicht filzenden Schimmelrasen von frischem, leicht champignonartigem Aroma ergeben. Bei Weichkäse mit gewaschener Rinde wird der Käse während der Reifung mit Salzwasser gewaschen, dadurch bleibt die Rinde weich und gibt dem Käse sein typisches Aroma. Es folgt eine Färbung der Oberfläche von orangerot bis rotbraun. Käse mit gewaschener Rinde werden daher auch Rotschmierkäse genannt.

## Halbfester Schnittkäse

Diese Bezeichnung gibt es nur in Deutschland und sie umfasst alle Käsesorten, die hinsichtlich ihres Gehaltes an

Trockenmasse zwischen festem Schnittkäse und Weichkäse liegen. Dazu gehören die Innenschimmelkäse wie Roquefort, Gorgonzola oder Stilton. Der bläulich geäderte Teig entsteht durch Zugabe des Schimmelpilzes *Penicillium* in den Milchbruch.
Das Wachstum der Pilzkulturen hängt von der Durchlüftung während der Reifung in feuchten Kellern ab.

## Fester Schnittkäse

Ein fester Schnittkäse ist weicher und saftiger als ein Hartkäse. Der Übergang zwischen halbfestem und festem Schnittkäse ist oft fließend, wie auch ein Weichkäse nach längerer Reifezeit zu einem halbfesten Schnittkäse werden kann.

## Hartkäse

Hartkäse ist der Käse mit der höchsten Trockenmasse (mind. 60 %). Dieser Käse wurde ursprünglich nur im Hochgebirge hergestellt, dort, wo die Herden im Frühjahr und Sommer die schmackhaftesten Kräuter und Gräser vorfinden.
Aufgrund der hohen Trockenmasse kann der Käse sehr lange lagern und wird mit dem Almabtrieb im Herbst zu Tal gebracht.

## Sauermilchkäse

Sauermilchkäse werden aus gesäuerter Milch, die zu Quark wird, hergestellt und haben einen niedrigen Fettgehalt (10 % i. Tr.).

## Schmelzkäse

Dieses aus Naturkäse hergestellte Produkt wird mit oder ohne Zusatz von Schmelzsalzen erhitzt und geschmolzen. Beim Kauf ist er sowohl streich- als auch schnittfähig erhältlich.
Stammt der Schmelzkäse zu mindestens 75 % von einer bestimmten Käsesorte, darf er nach dieser benannt werden.

## Käse kaufen

Eine Käsetheke mit reichhaltigem Angebot stellt einen vor die „Qual der Wahl". Die richtige Käsewahl kann entscheidend für ein gutes Essen sein. Erst der Verzehr gibt letztlich Auskunft darüber, was da so im Keller herangereift ist. Gute Beratung ist daher von Vorteil.
Spezialisierte Käsehändler in Käsefachgeschäften oder an Marktständen vertreiben meist Käse aus bäuerlicher Produktion.

Kommt der Käse aus Frankreich, ist es meist von Hand hergestellter („artisanal“) oder sogar unter ausschließlicher Verwendung von Rohmilch aus eigener Produktion hergestellter („fermier“) Käse. Supermärkte bieten größtenteils industriell hergestellten Käse an. Aber auch an den Käsetheken der Supermärkte und in den Lebensmittelabteilungen der Kaufhäuser wird die Auswahl an Käsesorten zunehmend größer, und die Zahl der angebotenen Rohmilchkäse wächst.

Dic Qualität des Käses sollte stets an erster Stelle stehen. In einem guten Käse-Fachgeschäft schncidet der Verkäufer von dem einen oder anderen Käse ein Stückchen ab, um ihn vor dem Kauf probieren zu lassen.

Achten Sie beim Kauf darauf, dass die Schnittfläche frisch erscheint, keinesfalls darf sie rissig oder hart sein, dies wäre ein Zeichen dafür, dass der Käse bereits austrocknet. Bei den kleinen Weißschimmelkäsesorten, die nicht angeschnitten werden dürfen, zeigt die Farbe des Flors, wie weit das Innere fortgeschritten ist. Achten Sie in diesem Zusammenhang darauf, ob Sie einen Rohmilch- oder einen pasteurisierten Käse kaufen. Bräunliche Flecken oder ein brauner Rand bei Brie, Camembert oder anderem Weißschimmelkäse aus Rohmilch bedeuten, dass der Käse voll in Reife ist. Pasteurisierter Käse schmeckt zu diesem Zeitpunkt bereits ein wenig nach Ammoniak.

Auch der Geruch liefert gute Hinweise auf den Reifegrad. Der Rohmilchkäse à point gereift sollte frisch und typisch für die Sorte riechen.

Trägt ein Rohmilchkäse die Bezeichnung artisanal oder fermier, können Sie davon ausgehen, eine gute Wahl getroffen zu haben. Das AOC-Siegel garantiert, dass der Käse in einer bestimmten Region in Handarbeit hergestellt wurde und bürgt so für höchste Qualität.

Bei verpacktem Käse hilft die Druckprobe weiter. Reifer Käse federt unter leichtem Fingerdruck – fühlt er sich fest an, ist er noch zu jung.

### Käse lagern

Optimale Lagerkeller für Käse sind heutzutage selten. In einem natürlichen Reifekeller zum Lagern von Rohmilchkäse müssen die Bedingungen genau stimmen. Der Raum muss kühl, feucht und gut durchlüftet sein.

Eine Alternative ist der vermutlich in jedem Haushalt vorhandene Kühlschrank. Er verhindert, dass der Käse schwitzt und an der Schnittfläche hart wird. Andererseits besteht die Gefahr des Austrocknens. Wichtig ist daher,

den Käse stets gut einzupacken (auch bei nur kurzer Lagerzeit), am besten in der Originalverpackung oder in beschichtetem Papier aus dem Käsegeschäft.
Sollten Sie beabsichtigen, eine größere Menge Käse über längere Zeit zu lagern, können Sie sich folgendermaßen helfen: Um ideale Voraussetzungen zu schaffen, den Rohmilchkäse (er eignet sich am besten, weil er weiterreift) auf eine Platte geben und mit einem sauberen, in leichtem Salzwasser getränkten Leinentuch bedecken. Ziegenkäse sollte trocken gelagert werden und Blauschimmelkäse stets einzeln verpackt, da die Schimmelsporen sonst möglicherweise auf andere Käse übertreten.

Kleinere Mengen Käse lagern Sie am besten im Gemüsefach des Kühlschrankes. Etwa 20 – 30 Minuten vor dem Servieren wird der Käse aus dem Kühlschrank genommen – er sollte atmen können. Vorhandene Schimmelstellen können weggeschnitten werden, der restliche Käse wird dadurch nicht beeinträchtigt.
Einen Tag lang kann das Produkt auch unter einer Käseglocke lagern, jedoch nicht für längere Zeit. Damit eventuell aufgetretenes Kondenswasser entweichen kann, sollte der Deckel nicht ganz geschlossen sein.

## Käse servieren

Ob von der Hand in den Mund oder von schwarzen Tellern mit passenden Garnituren – Käse und Brot munden immer. Eine ausgewogene, liebevoll angerichtete Käseplatte aus industriell pasteurisiertem Käse, in Verbindung mit einigen appetitanregenden Beilagen, ist die perfekte Überleitung vom Hauptgericht zum Dessert.
Bei einer Rohmilch-Käseplatte sollte man jedoch unbedingt, um den feinen, typischen Geschmack der jeweiligen Herkunftsregion zu erschmecken, auf jegliche Art von Obst und diverser Dekoration verzichten. Und die Rinde? Bei pasteurisiertem, also industriell hergestelltem Weißschimmelkäse soll, wer möchte, die Rinde mitessen – in der Regel ist diese nicht schädlich. Die Rinde von Rotschmier-, Schnitt- und Hartkäse ist nicht gerade eine Delikatesse, deshalb wird

sie weggeschnitten. Bei Rohmilchkäse sollte man aus hygienischen und vor allem aus geschmacklichen Gründen die Rinde abschneiden. Da diese Käse meist unter Verwendung von Salz affiniert werden, würde die Rinde den Geschmack des Käses verfälschen.

Man beginnt beim Käseessen stets mit den leichteren, milderen Sorten und genießt die kräftigsten am Schluss. Der letzte sollte immer der Blauschimmelkäse sein.

Welches Brot man zum Käse isst, bleibt reine Geschmackssache. Zu frischem, zartem Käse ist frisches Baguette zu empfehlen – je intensiver das Produkt, desto kräftiger darf das Brot sein. Wichtig ist, dass das Brot den Käse geschmacklich nicht erschlägt. Sollten Sie bei der Zusammenstellung einer Käseplatte Zweifel haben, kaufen Sie von jeder Art (Frisch-, Weißschimmel-, Rotschmier-, Schnitt-, Hart-, Ziegen-, Schafs- und Blauschimmelkäse) ein Stück. Damit sind alle Geschmacksrichtungen vertreten und Sie stellen alle Geschmäcker zufrieden.

## Käseplatten

Drei Vorschläge zur professionellen Zusammenstellung einer Käseplatte:

**Variante 1**

Boursin, Bel Paese, Saint Paulin, Esrom, Gouda mittelalt, Allgäuer Bergkäse, Appenzeller, Steinbuscher, Bavaria Blu

Zu dieser verhältnismäßig preisgünstigen Variante passt auch Bier ausgezeichnet.

**Variante 2**

Brillat Savarin, Camembert, Morbier, Taleggio, Saint Nectaire, Reblochon, Sbrinz, Munster, Gorgonzola

Diese Käsesorten gehören der mittleren Preisklasse an.

**Variante 3**

Gratte Paille, Chaource, Brie de Meaux, Fontina, Longres, Pont l'Evêque, Saint Maure, Brin d'Amour, Roquefort

Bei dieser Variante handelt es sich um Spitzenkäse aus Rohmilch der besten Regionen Frankreichs und Italiens.

Die Käse sollten in der vorgeschlagenen Reihenfolge von mild bis kräftig genossen werden.

## Die Geräte

Natürlich kann man den Käse ganz einfach mit dem Messer in Stücke schneiden. Besser ist es jedoch, für die jeweiligen Zerkleinerungsarten ein passendes Gerät zu haben. Wir zeigen Ihnen hier einen kleinen Querschnitt, der zur Zeit im Handel erhältlichen Utensilien zum Reiben, Raspeln, Schneiden, Brechen usw., erheben damit aber keinen Anspruch auf Vollständigkeit.

**Haushaltsreibe:** Ideal zum Raspeln und Reiben von Schnittkäse für Aufläufe und Saucen.

**Tête-de-Moine-Hobel:** Dieser Schweizer Käse wird nicht geschnitten, sondern geschabt. Dazu steckt man den Hobel in die Mitte des Käses und dreht den Griff wie bei einer Kaffeemühle.

**Parmesanpickel:** Hartkäse wie Parmesan, Grana padano oder alter Gouda lassen sich durch Drehen des Pickels leicht in Stücke brechen.

**Tischschneider:** Damit lassen sich am Tisch halbfeste Schnittkäse und Schnittkäse in Scheiben teilen.

**Käsemesser mit versetztem Griff:** zum einfachen Zerteilen von Schnittkäse

**Käsemesser mit durchbrochener Klinge:** Käsestücke lassen sich damit leicht in Würfel und Scheiben schneiden.

**Käsemesser:** für Schnittkäse

**Handhobel:** Man zieht ihn über das Schnittkäsestück und erhält eine gleichmäßig dünn geschnittene Käsescheibe.

**Käseschneider:** funktioniert wie der Handhobel.

**Welcher Wein zu welchem Käse?**

Guter Käse schaukelt nicht besonders guten Wein hoch, ebenso ist es umgekehrt: Guter Wein macht den Käse besser als er vielleicht ist. Ohne Zweifel ist der Verzehr von Käse und Wein ein besonderer Genuss. Die Frage „Welcher Wein zu welchem Käse?" sollte man dennoch gelassen sehen. Wie sagte doch der große „Käsepapst" aus Frankreich, Pierre Androuët, richtig: „Es ist gut, wenn man seiner Fantasie freien Lauf lässt".

Die Weine haben nicht jedes Jahr den gleichen Charakter, Käse je nach Reifungsgrad nicht immer dasselbe Aroma. Käse und Wein der gleichen Herkunftsregion ergänzen sich in der Regel gut. Seit Jahrhunderten sind die beiden von Natur aus aufeinander abgestimmt und werden gemeinsam genossen. Camembert (Normandie) harmoniert z. B. ausgezeichnet mit Cidre (Normandie), Munsterkäse mit Bier.

Da es unendlich viele Käsesorten gibt, ist es nicht möglich, für jede den passenden Wein zu nennen. Ein paar Grundregeln gibt es jedoch, deren Beachtung die Auswahl erleichtert. Es ist zum Beispiel falsch, davon auszugehen, dass es unbedingt ein Rotwein sein muss. Im Allgemeinen schmecken Weißweine sogar besser zu Käse als Rotweine. Frischkäse ist fast immer weich und von mildem Geschmack. Halbtrockener Wein – Weißwein oder Rosé

(Muscadet oder Sancerre v. d. Loire) – bringt den milden Geschmack dieser Käse am besten zur Entfaltung. Weichkäse mit Weißschimmelbildung können einen intensiven Geschmack entwickeln, Rotwein hierzu wäre die klassische Lösung, aber keinesfalls die einzige. Zu Chaource beispielsweise wäre Champagner zu empfehlen, es kann aber auch ein Chablis dazu serviert werden. Bei Käse mit gewaschener Rinde (Rotschmiere) ist es schwieriger, einen gemeinsamen Nenner zu finden. Zu mildem, süßem Käse wie z. B. St. Nectaire eignet sich frischer Weißwein, zu kräftigerem, wie z. B. Maroilles oder Livarot schwerer Rotwein. Immer gilt jedoch: Je kräftiger der Käse, desto trockener und wuchtiger darf der Wein ausgewählt werden.

Zu Hartkäse ist junger, fruchtiger Weißwein, Rotwein oder Bier zu empfehlen. Ziegen- und Schafskäse lassen sich gut mit trockenen, fruchtigen Weißweinen sowie Rotweinen von der Loire kombinieren. Zu französischem Schafskäse – meist aus Korsika oder den Pyrenäen – passt guter, roter Landwein. Edelpilzkäse sind in der Regel ziemlich salzig, vor allem Roquefort. Sie gewinnen und werden milder im Geschmack, wenn man dazu süßen Weißwein wie Sauternes, Port, Gewürztraminer, Spät- oder Auslesen reicht.

## Käse in der Küche

Käse pur: Der krönende Abschluss eines guten Menüs, auf den kein Feinschmecker verzichten möchte. Doch die sahnigen, würzigen oder pikanten Köstlichkeiten aus aller Welt sollten in ihrer Vielfalt nicht nur die Käseplatte zieren. Auch als Beilage oder Zutat ist Käse ideal. Man denke nur an Käse auf frischen Blattsalat, überbackene oder gefüllte Gemüse, ein köstliches Gratin, Risotto oder an Pasta mit Käsesauce. Doch welche der vielen Käsesorten verwendet man besten zum Gratinieren, Backen und Kochen? Welcher Käse schmilzt gut und bleibt beim Überbacken dennoch saftig?

Hartkäse wie etwa Passendale, Schabziger, Idiazábal oder Pecorino Romano bringen ihren intensiven Geschmack besonders in Suppen und Saucen zur Geltung. Zu beachten ist: Je fester der Käse, desto kleiner ist er zu verarbeiten. Damit er sich auflöst, sollte er gerieben werden. Zum Überbacken eignet sich Schnittkäse wie Gouda, Butterkäse oder Emmentaler besonders gut. Beim Überbacken ist auf den Fettgehalt des Käses zu achten. Ein weicherer Käse verläuft schneller als ein härterer, die vollfetten Sorten besser als die mageren. Fettarme Käse sind zwar kalorienarm, sie werden beim Überbacken jedoch zäh und damit ungenießbar. Weichkäse sind zum Kochen und Überbacken weniger geeignet. Doch auch hier bestätigen Ausnahmen die Regel. Wegen ihres intensiven Geschmacks werden Blauschimmelkäse gerne für Saucen verwendet. Frischkäse eignet sich gut für Vorspeisen oder zur Weiterverarbeitung in Desserts: Mascarpone mag hier als Beispiel dienen. Beim Backen ist Käse vielfach noch ein echter Geheimtipp: Pikante Brötchen oder Brot, Blätterteig-Käsegebäck oder erfrischende Torten mit Frischkäse, Mascarpone oder Ricotta. Der Hobbybäcker hat die Qual der Wahl.

Was irgendwann mit der Krönung des Hawaii-Toasts begann, füllt inzwischen die Rezeptbücher. Die Sortenvielfalt beim Käse macht es möglich. Ob pikante Vorspeisen, raffinierte Hauptgerichte oder fantasievolle Desserts: Jeder Käsefreund kommt auf seine Kosten. Fristete das Milchprodukt vor wenigen Jahrzehnten in der Küche noch ein stiefmütterliches Dasein, so wartet es heute mit einem unvergleichlichen Geschmackserlebnis auf. Probieren Sie doch einmal eines der vielen Rezepte in diesem Buch.

# Die Käseländer

## Dänemark, Schweden und Norwegen

Sie haben es geahnt oder wissen es bereits: Unsere Nachbarn im hohen Norden haben wahrhaft kulinarische Hochgenüsse zu bieten. Dänisches Essen ist natürlich und ungekünstelt, eher derb als verspielt. Da gibt es Wild und Geflügel, aber auch Austern, Muscheln und Fisch. Dazu Kohl, Zwiebeln, Beeren und Nüsse – sowie Milch, Butter und Käse. Die Dänen essen gern, und ganz bestimmt nicht nur ihr innig geliebtes Smörrebröd. Zu den feinen Produkten der dänischen Landwirtschaft gehört der Käse, der dank seiner hervorragenden Qualität seit vielen Jahren einen Spitzenplatz auf dem Weltmarkt einnimmt. Viele der dänischen Käsesorten wie Esrom oder Havarti stammen aus jener Zeit, als noch jeder Bauernhof für seinen eigenen Haushalt Käse herstellte. Bis heute gehört im Land der Wikinger Käse bereits zum Frühstück dazu.

Die Norweger mögen es süß, da gibt es keinen Zweifel. Außerordentlich lecker ist der Gjetost aus Kuh- und Ziegenmilch. Diese Delikatesse überrascht mit einem Geschmack nach Erdnussbutter und Karamell, erinnert an eingetrocknete Kondensmilch und wird aus jener Molke hergestellt, die bei der Produktion von normalem Käse übrig bleibt. Am Stück präsentiert sich solcher „Käse" als dicker brauner Klotz, als Brotbelag ist er wellig und waffeldünn, leicht zähflüssig und neigt dazu, am Gaumen zu kleben. Aber er schmeckt, wird in Norwegen in gigantischen Mengen verzehrt und ist so beliebt, dass er bei ins Ausland reisenden Norwegern einen ansehnlichen Teil des Handgepäcks ausmacht. Mittlerweile ist Karamellkäse auch in südlicheren Breiten beliebt. Süßmäuler gibt es eben überall. Doch Norwegen hat auch den pikanten Spitzenkäse Jarlsberg erfunden ...

Und die Schweden? Bei ihnen gehört zu einer geselligen Runde und einem Gläschen Wein ein Stück Käse ganz selbstverständlich auf den Tisch, wenn auch nicht gerade immer die Luxusausführung aus Elchmilch, das „weiße Elchgold" des Landes. Käse wie Herrgårdost oder Svecia bilden bei den Nordlichtern zusammen mit Knäckebrot das traditionelle Frühstück. Und wie die Norweger mögen es auch die Schweden süß mit etwas Marmelade darauf. Die Mischung aus Salzigem und Süßem ist völlig normal (und übrigens auch sehr lecker).

Während die dänischen Käsespezialitäten mittlerweile nahezu überall im Handel erhältlich sind, findet man die norwegischen (abgesehen vom Jarlsberg) und schwedischen Sorten meist nur in Fachgeschäften.

Ein kulinarischer Ausflug in die skandinavische Käsewelt lohnt sich allemal. Wie wäre es z. B. mit Karamellkäse statt Nougatcreme?

„Briten essen Fisch und Chips mit Essig drüber oder so etwas Undefinierbares wie Plumpudding“. Über keine Küche der Welt werden so viele Witze gemacht wie über die britische. Franzosen behaupten gar, die Hölle sei dort, wo die Köche Briten sind.

Auch wenn die britische Küche nicht jedermanns Geschmack ist und außerhalb der Landesgrenzen eher verschmäht wird, so findet man auf den Speisekarten immer mehr lokale Spezialitäten, die auch den zart besaiteten Gaumen verwöhnen. Immer häufiger besinnt man sich auf lokale Produkte von hoher Qualität. Halten Sie Ausschau nach Pubs, Cafés, Restaurants, aber auch nach Feinschmeckerläden, die sich der Aktion „a taste of ...“ angeschlossen haben. Gerade in ländlicher Umgebung kochen auch die Gastgeber auf Bauernhöfen und in Landgasthäusern nach traditionellen Rezepten der Region und verwenden frische lokale Produkte der Jahreszeit. Natürlich auch britischen Käse.

Wer von einer kulinarischen Reise durch Großbritannien etwas Hervorragendes für den heimischen Kühlschrank mitnehmen möchte, der sollte sich für britischen Käse entscheiden. Großbritannien hat dem Gourmet ein wirklich einzigartiges Käsesortiment zu bieten: Ob die Milch von Schaf, Ziege oder Kuh stammt, der Käse frisch und weich oder lange gereift und würzig ist, die Variationen sind

schier unzählbar. Neben den Klassikern Stilton, Cheddar, Gloucester und Red Leicester gibt es unbekanntere Sorten, die bei uns leider jedoch selten oder gar nicht angeboten werden.
Die älteste Käsesorte Großbritanniens ist der Cheshire. Schon im 11. Jahrhundert begeisterte er die Normannen, und noch heute bildet er die Grundzutat für das Welsh Rarebit, eine Sauce aus Butter, Senf, Bier und Käse. Lange bekannt als „der König der Käse" ist der Blue Stilton einer aus der Hand voll britischer Käse, die den Status „geschützte Kennzeichnung der Herkunft" (PDO = protected designation of origin) von der europäischen Kommission bekommen haben. Nur Käse, der in den drei Grafschaften Derbyshire, Leicestershire und Nottinghamshire produziert und gemäß eines strengen Kodex hergestellt wird, darf Stilton genannt werden. Während der Blue Stilton absolutes Muss auf jeder Käseplatte ist und wunderbar zu Kräckern schmeckt, sind Wensleydayle, Cheddar und Red Leicester ideale Überbackkäse. Der Double Gloucester ist dagegen ein köstlicher Dessertkäse: Er schreit sozusagen nach frischem Obst.

Auch wenn die britischen Käsesorten außerhalb der Landesgrenzen (abgesehen vielleicht vom Käsekönig) eher ein Mauerblümchen-Dasein fristen: Es lohnt sich, die traditionellen Kaselaibe einmal genauer unter die Lupe zu nehmen!

## Niederlande

„Frau Antje bringt Käse aus Holland!" Seit über 40 Jahren spielt die hübsche Blonde mit der blütenweißen Spitzenhaube die sympathiewerbende Vorkosterin eines agrarischen Produkts, wie es holländischer kaum sein kann. Bereits in den 1950er- Jahren war das „Kaasmeisje" die Symbolfigur der niederländischen Molkereiwirtschaft. In Großbritannien warb sie für „Real Dutch Cheese" und in Frankreich für „Fromage de Hollande". Doch nirgends war das Meisje so aktiv wie in Deutschland. 1961 strahlte sie dort erstmals vom Fernsehschirm: „Guten Abend, liebe Hausfrauen. Heute zeige ich Ihnen Käsetoast Hawaii." Gesagt, getan: Vor den Augen der

nach kulinarischer Abwechslung suchenden Frau brutzelte sie eines ihrer köstlichen Käsegerichte. Auch wenn Antje mittlerweile in die Jahre gekommen ist, noch heute ist sie Symbolfigur für Gouda und Co.

Der Gouda in seiner Vielfalt gehört zu den wichtigsten Exportgütern der niederländischen Molkereiwirtschaft, und die deutschen Verbraucher sind seit jeher ihre besten Kunden. Geschätzt wird der Käse als herzhafter Brotbelag, als Zutat zum Überbacken oder auch im Fondue-Réchaud.

Holland ist der größte Käseexporteur der Welt. Die Hälfte der hier erzeugten Milch wird zu Käse verarbeitet, mehrere 100 000 Tonnen

jährlich. Um die weltweite Nachfrage zu bedienen, wird der Käse größtenteils in Fabriken gefertigt. Diese verwenden grundsätzlich pasteurisierte Milch, die zudem noch auf einen einheitlichen Fettgehalt gebracht wird. Der Herstellungsprozess verläuft ähnlich wie in der Bauernkäserei, nur eben vollautomatisch und computergesteuert.

Übrigens: Die Holländer nennt man liebevoll „Käseköpfe" – nach den hölzernen Formen für die Käselaibe. Während der mittelalterlichen Kriege haben die Bauern die Käseformen zum Schutz gegen feindliche Schwerthiebe als Helme benutzt. Heute noch wird in Holland ein Teil der Käseproduktion auf Wochenmärkten verkauft. Jeden Freitag wird in Alkmaar, auf dem Platz vor dem barocken Rathaus, der berühmteste Käsemarkt Hollands abgehalten. Drei Tonnen Gouda wechseln dort wöchentlich den Besitzer. Der Verkauf wird nach traditionellem Ritus abgehandelt und mit Handschlag beendet.

## Deutschland

Umschlungen von Käsenationen, die auf eine lange Tradition des Käse-Handwerks zurückblicken können: Das Land mittendrin hatte es gar nicht leicht, gegen eine so namhafte Feinschmecker-Konkurrenz anzutreten. Doch schmeckt Käse wirklich nur gut, wenn er aus Frankreich oder Italien kommt? Mitnichten. Deutschland hat mittlerweile eine breite Auswahl an wohl schmeckenden Käsesorten zu bieten. Wohl einige Hundert verschiedene Käse werden zwischen Nordsee und Allgäu produziert. Neben den bekannten Sorten wie Emmentaler, Limburger und Tilsiter gibt es eine Reihe regionaler Spezialitäten, zwischen denen Käseliebhaber wählen können.

Was für die Franzosen der Camembert, für die Italiener der Parmigiano Reggiano, für die Schweizer der Greyerzer und für die Holländer der Gouda, das ist für die Deutschen der Tilsiter: ein norddeutscher Klassiker, der heute in ganz Deutschland produziert wird. Erfunden wurde der halbfeste Schnittkäse 1845 von einer Frau Westpahl in der ostpreußischen Stadt Tilsit. Eher mild dagegen sind der holsteinische Wilstermarsch-Käse oder die Husumer Weichkäse, die erst seit wenigen Jahren von kleinen Betrieben produziert werden. Aus Niedersachsen dagegen kommen verschiedene Sorten Sauermilchkäse: Handkäse, Bauernkäse und Korbkäse, allesamt goldgelb bis rötlichbraun gefärbt, leicht pikant und manchmal mit Kümmel gewürzt. Wem das nicht

behagt, der ist weiter südlich besser aufgehoben. Das gelobte Land des deutschen Käse ist zweifellos Bayern mit einer schier endlosen Auswahl: Weinkäse oder Romadur dürfen bei keiner richtigen Brotzeit fehlen, Blauschimmelkäse reifen hier zur Delikatesse, und von den saftigen Almwiesen des Allgäu liefern vermutlich „glückliche Kühe" beste Milch für Emmentaler und Bergkäse.
Was die Beliebtheit des Nahrungsmittels Käse betrifft, so haben die Deutschen den klassischen Herkunftsländern längst den Rang abgelaufen. Bei rund 84 Prozent aller Einwohner steht Käse täglich oder mehrmals in der Woche auf dem Esstisch. Rund 22 Kilogramm verzehrt der Durschnitts-Bundesbürger jährlich. Ob auf Brot oder in der warmen Küche: Deutsche Käsespezialitäten vollbringen auf der Zunge wahre Wunderwerke. Probieren Sie es aus!

## Schweiz und Österreich

Verführung pur: In der Schweiz hat die Käseherstellung eine lange Tradition. Emmentaler, Gruyère und Sbrinz, aber auch Appenzeller oder Tête de Moine gehören im In- wie im Ausland zu den edelsten Käsesorten. Das Angebot an Schweizer Käse ist jedoch wesentlich größer, gibt es doch über 450 Spezialitäten. Schweizer Käse brilliert aber nicht nur durch große Vielfalt. Er lässt sich vielfältig in der Küche zubereiten und verspricht wahren kulinarischen Genuss.

Ein Fondue aus Schweizer Käse! Kein anderes Gericht verbindet Tradition, Geselligkeit und Genuss auf so raffinierte Weise. Probieren Sie doch mal ein Waadtländer, ein Freiburger oder ein Innerschweizer Fondue – oder kreieren Sie Ihre eigene Spezialität: Die Vielfalt an gutem Schweizer Käse lässt keine Wünsche offen. Eines ist sicher: Ein Fondue ist immer wieder anders – und immer wieder etwas ganz Besonderes!

Warum Österreich heute nicht zu den großen Käsenationen zählt, darüber lassen sich nur Vermutungen anstellen. Wahrscheinlich hat es mit der Lage im Zentrum Mitteleuropas zu tun: Man musste sich nicht sonderlich anstrengen, Käse gab es von rundherum

in allen Qualitäten. Vielleicht liegt es auch an der Vorliebe der Österreicher für Mehlspeisen. Sogar bei den Speisefolgen der kaiserlichen Diners und Galadiners fehlte sehr oft der Käsegang zugunsten der Mehlspeisen.

Erst in den vergangenen vierzig Jahren scheinen die Österreicher den Käse entdeckt zu haben: Der Verbrauch ist um das Fünffache gestiegen. Ein Grund dafür könnte die steigende Reiselust der Alpenländer sein. Man lernt fremde Länder und neue Speisen kennen und schätzen und möchte sie auch zu Hause genießen. Von den rund 140 österreichischen Käsesorten werden die beliebtesten hier vorgestellt.

## Frankreich und Belgien

Frankreich gilt zu Recht als Mutterland aller Gourmets und steht für Lebensart schlechthin. Champagner, erstklassige Weine, Cognac, knuspriges Baguette und köstliche Croissants ... Dazu genießt man die Vielfalt der Käsesorten, die schon General de Gaulle in Erstaunen versetzten. Der Staatspräsident soll einmal, erbost über den Eigensinn der Franzosen, ausgerufen haben: „Wie soll man ein Volk regieren, das für jeden Tag des Jahres eine eigene Käsesorte hat!" In der Tat hat Frankreich aufgrund seiner verschiedenen klimatischen Bedingungen eine weltweit einmalige Käsevielfalt hervorgebracht. Insgesamt gibt es über 500 Sorten und mehr als 1000

Markenprodukte. Im Norden und Osten des Landes wird fast ausschließlich Käse aus Kuhmilch produziert, während im mediterran-warmen Süden und auf Korsika das Schaf der wichtigste Rohstofflieferant für den Käse ist. Aus der Mitte Frankreichs, insbesondere aus dem Loiretal, kommen würzige Ziegenkäse.

Angefangen hat einst alles in den mittelalterlichen Zentren der landwirtschaftlichen Produktion, den Klöstern. Die Vorliebe der Geistlichen für Gaumenfreuden war bekannt und mag dazu geführt haben, dass sie die Techniken der Käseherstellung immer weiter zu verfeinern wussten. 1550 zählte man bereits mehr als 50

Käsesorten. Noch heute ist auf vielen Käseetiketten, vor allem bei Weichkäse, das Bild eines rotgesichtigen fröhlichen Mönches zu finden. Als Ende des 18. Jahrhunderts die Klöster geschlossen wurden, übernahmen die Bauern in der Region die Käsetradition, die sich vielerorts bis heute erhalten hat.

42 der über 1000 französischen Käsespezialitäten sind durch die AOC (Appellation d'origine contrôlée) geschützt. Da die typischen Merkmale eines Käses wie Größe, Beschaffenheit der Rinde, Konsistenz oder Mindestfettgehalt einen entscheidenden Einfluss auf das Aroma haben, werden diese genau definiert und müssen bei der Produktion strikt eingehalten werden. Alle AOC-Käse sind für den Käseliebhaber unmittelbar zu erkennen: ein Vermerk auf Rinde, Verpackung oder Etikett macht es leicht, sie zu identifizieren.

Dass Belgien ein ausgesprochenes Käseland ist, wissen nur die Allerwenigsten. Die Palette reicht von Frischkäse über Weichkäse bis zu unzähligen Hartkäsesorten. Egal, für welche Käseköstlichkeit Sie sich entscheiden: Tauchen Sie ein in den französischen oder belgischen Käsehimmel!

## Italien

Schon im alten Rom hatte Käse seinen festen Platz auf dem Speisezettel. Egal ob mit Brot zum Frühstück oder mit Feigen, Oliven, Nüssen, Gemüse und Obst oder anderen Köstlichkeiten zum Mittag- oder Abendessen: Käse gehörte zu den Grundnahrungsmitteln. Kein Wunder also, dass die genussfreudigen Feinschmecker der Antike eine erstaunliche Fertigkeit in der Käsegewinnung entwickelten. Sie kannten bereits gesalzene, ungesalzene, harte und weiche Sorten. Das große Verdienst der Römer war die Kultivierung des Labkäses, also des Käses aus Süßmilch, die mit Hilfe von Lab aus dem Kälbermagen zum Stocken gebracht wird. Diese Käsemasse ist formbar und kann durch langes Reifen sehr fest werden. Von dieser Formbarkeit („forma") leitet sich „formaggio" (italienisch für Käse) ab. Im letzten Jahrhundert des Imperium Romanum betrieben die Römer mit Käse sogar einen schwunghaften Handel, unter anderem auch mit den Germanen.

Italien ist aber nicht nur das älteste Käseland Europas, seine Produzenten haben schon relativ früh begonnen, für ihre Produkte Qualitätsgarantien abzugeben und sich vor unlauterer Konkurrenz durch Namensmissbrauch zu schützen. Das erste Dekret – es beschäftigte sich mit der Definition von Käse – wurde 1925 erlassen. Erst 1951 war die DOC-Gesetzgebung abgeschlossen – sie garantiert Herkunft und Qualität und schützt den Produktnamen. Mit dem Qualitätsschutz durch kontrollierte Ursprungsbezeichnungen hat die italienische Käseproduktion Absatzziele erreicht, die in der ganzen Welt neidvoll betrachtet werden. Die italienischen

Handwerksbetriebe zählen mehr als 400 Käsesorten, von denen die Hälfte zu den wirklich traditionellen Sorten gehören. 30 davon haben mit Recht das DOC-Zertifikat erhalten. Im Allgemeinen werden die meisten der traditionellen Käsesorten in kleinen Mengen in Berg- oder Randgebieten von familiären Betrieben produziert.

Gorgonzola, erfunden in dem gleichnamigen Ort in der Nähe von Mailand, gehörte zu den ersten DOC-Käsen. König der italienischen Käse ist zweifelsohne der Parmigiano Reggiano. Doch auch Fontina aus dem Aostatal, Robiola di Roccaverano aus Piemont, Asiago und Montasio aus Venetien, Pecorino aus der Toskana, Provolone aus der Emilia Romagna und viele andere mehr verwöhnen zusammen mit Brot und einem Glas Rot- oder Weißwein Ihre Sinne.

Probieren Sie diese einzigartigen Schätze und genießen Sie!

**Spanien und Portugal**

Unter der heißen Sonne Spaniens steht die Freude am kulinarischen Genuss ganz weit oben: Neben den Tapas variadas, Vorspeisenspezialitäten aus Andalusien, kann man viele regionale Gerichte genießen. Zu den kräftigen vollmundigen Weinen hat sich schmackhafter Käse eine große Rolle erobert.

Mehr und mehr setzt sich bei Käsekennern die Erkenntnis durch, dass gerade Spanien und Portugal mit einer Vielzahl interessanter und origineller Käsesorten aufwarten. Als entscheidender Vorzug Spaniens erweist sich hier seine große Zahl von weiträumigen und hochwertigen Weideflächen in nahezu allen Regionen des Landes, insbesondere in Kastilien, der Extremadura, in Nordwestspanien, auf den Kanarischen Inseln oder im Bereich der Pyrenäen. Hier wird hochwertige Milch von

Kühen, Schafen oder Ziegen produziert, die noch heute zum Großteil in freier Natur leben und sich in den Steppengebieten und Gebirgsregionen von gehaltvollem Futter ernähren. Die Kühe sind dabei typisch für den grünen Norden Spaniens, die Schafe prägen das Bild der zentralspanischen Ebenen, und die Ziegen weiden im Gebiet des Mittelmeeres sowie in den Gebirgen.

Bezeichnend für Spaniens Käseherstellung ist eine ausgeprägte Koexistenz von kleineren, handwerklich und traditionell ausgerichteten Käsereien und größeren, nach modernen Industriekriterien geführten Betrieben. Laut neuerer Statistik gibt es derzeit in Spanien insgesamt 956 Käsereien. Garantie für die typischen regionalen Charakterzüge sowie die höchste Qualität der einzelnen Käse-

sorten ist dabei das Schutzsiegel D.O.P. (Denominación de origen protegida), die von der EU amtlich geschützte Herkunftsangabe.

Auch Portugals Käse muss sich beileibe nicht verstecken. Vor allem von der Inselgruppe der Azoren kommt ausgezeichneter Käse wie Pico oder São Jorge, der in der traditionellen, eher bäuerlichen Küche, die vor allem aus Fisch, Gemüse und Obst besteht, eine große Rolle spielt.

Egal ob Sie sich für einen spanischen oder portugiesischen Käse, für Kuhmilch- oder Schafsmilchkäse entscheiden, zusammen mit einem Gläschen Wein können Sie sich ausgiebig den Träumen vom Urlaub unter südlicher Sonne hingeben.

## Griechenland

Malerische, weiß gekalkte Häuser in einer von Olivenbäumen geprägten Landschaft. Inseln, die von kristallklarem tiefblauen Wasser umgeben sind. Sonne, Strände, Kultur, guter Wein und traditionell hergestellte Lebensmittel: In Griechenland findet jeder etwas nach seinem Geschmack.

Schon in der Antike war griechischer Käse bekannt. In Homers Epos „Die Abenteuer des Odysseus" lässt der Schriftsteller den Helden eine für die Käseherstellung bedeutsame Beobachtung machen: Als Odysseus und seine Gefährten sich in der Höhle des Kyklopen Polyphem befanden, schauten sie dem Riesen heimlich bei der Käsebereitung zu. Der Kyklop molk seine Schafe und gab die Milch zur Gerinnung in große Behälter. Dann ließ er sie zum Sieben durch Weidenkorbgeflecht laufen und bewahrte den Käse schließlich zur Reifung in irdenen Töpfen auf.

Heute sind 20 Käsesorten Griechenlands

in der EU geschützt – nur drei davon werden aus Kuhmilch hergestellt, die anderen sind Ziegen- und/oder Schafsmilchprodukte. Man unterschiedet drei wesentliche Käse-Gruppen: weißen quarkartigen Frischkäse (aus Schafs- oder Ziegenmilch oder einer Mischung aus beiden), Hartkäse (gelblich, auch meist von Ziege und/oder Schaf) und pikante Sorten (von Kuh, Schaf, Ziege; oft gepfeffert).

Neben dem beliebten bröckeligen Feta-Käse, der vor allem in Thessalien und Makedonien hergestellt wird, wartet Griechenland mit einer Reihe köstlicher Käsevariationen auf, die zu probieren sich allemal lohnt.

# ABONDANCE (AOC)

**Käseart** Halbfester Schnittkäse

**Milch** Pasteurisierte oder rohe Kuhmilch

**Fettgehalt** 48 % i. Tr.

**Herkunft** Hochsavoyen (Alpennordseite), Frankreich

**Eigenschaften** Schmeckt ausgeprägt fruchtig und pikant mit nussigem Aroma. Der Teig ist geschmeidig und mit kleinen Löchern durchzogen, die Rinde orangegelb.

**Geschichte** Berühmt wurde der im 5. Jh. von Mönchen „erfundene" Bergkäse 1381, als die Abtei von Abondance zum offiziellen Lieferanten der Papstwahl erwählt wurde und 15 Zentner des Schnittkäses nach Avignon gelangten.

**Herstellung** Die Milch stammt von den Abondance-Kühen. Die noch warme Milch wird mit Lab versetzt, unter Rühren erhitzt, der Teig in ein Tuch gewickelt, in einem Holzreifen geformt und gepresst. Nach 90 Tagen ist der Käse reif.

**In der Küche** Eine regionale Spezialität ist Kartoffelkuchen mit Abondance. Sein fruchtiger Geschmack schmeckt gut zu Nussbrot und in Salaten. Siehe Rezept S. 264.

**Getränketipp** Leichte Weine, besonders aus Savoyen. Milde Rotweine, etwa Spätburgunder oder Beaujolais

# Allgäuer Bergkäse

**Käseart** Schnittkäse

**Milch** Rohmilch von der Kuh

**Fettgehalt** 50 % i. Tr.

**Herkunft** Allgäu in Bayern (Höhenlage zwischen 900 und 1800 m), Deutschland

**Eigenschaften** Schmeckt sehr aromatisch und leicht pikant. Je reifer der Bergkäse, desto kräftiger und würziger schmeckt er. Leichtes Nussaroma.

**Geschichte** Erst mit der Erzeugung von haltbarem Hartkäse im 19. Jh. wurden im Allgäu Sennereien eingerichtet. Die Kuhmilch wird vor Ort verarbeitet. Sein großer Bruder ist der Allgäuer Emmentaler.

**Herstellung** Die Morgenmilch wird stets zusammen mit der über Nacht gereiften Abendmilch verarbeitet. Nach der Dicklegung wird die Masse erwärmt, um Molke und Bruch zu trennen. Die Geformten Käselaibe schwimmen 2 Tage im Salzbad, bevor es ans Reifen in den Gärkeller geht. Er reift 4 – 13 Monate.

**In der Küche** Der Allgäuer Bergkäse bereichert jeden fruchtigen Salat, schmeckt aber auch pur oder zu Brot. Da er gut schmilzt, eignet er sich auch zum Überbacken. Siehe Rezept S. 279.

**Getränketipp** Weißwein, z. B. Grauburgunder

# Altenburger Ziegenkäse

**Käseart** Weichkäse

**Milch** Pasteurisierte Kuhmilch und Ziegenmilch (15 %)

**Fettgehalt** 30 % i. Tr.

**Herkunft** Landkreis Altenburg (Thüringen), Deutschland

**Eigenschaften** Die Oberfläche ist mit weißem Camembertschimmel überzogen, der Teig blassgelb und geschmeidig und enthält Kümmelsamen. Der Geschmack ist ausgeprägt mit Kümmel-Aroma.

**Geschichte** Seit mehr als 100 Jahren gibt es diese Ziegenkäsespezialität aus nur einer Käserei in der Nähe der Stadt Altenburg.

**Herstellung** Der Altenburger Käse wird aus Kuhmilch hergestellt, der 15 % Ziegenmilch zugegeben werden. Nach dem Formen gibt man Kümmelsamen zu, dann reift der Käse innerhalb von 10 Tagen.

**In der Küche** Er ist der passende Begleiter zu Brot.

**Getränketipp** Weißwein, z.B. Silvaner, Chardonnay, Sauvignon

# Ami du Chambertin

**Käseart** Weichkäse

**Milch** Pasteurisierte Kuhmilch

**Fettgehalt** 50 % i. Tr.

**Herkunft** Burgund, Frankreich

**Eigenschaften** Der Ami du Chambertin schmeckt und riecht kräftig. Er wird deshalb gern als „Stinker" bezeichnet. Seine Kruste ist faltig und rotfarbig.

**Geschichte** Der Käse wurde 1950 von Raymond Gaugry erfunden. Noch heute arbeiten Sylvain und Olivier Gaugry in der 3. Generation nach handwerklicher Tradition.

**Herstellung** Die Kuhmilch wird in Kesseln dickgelegt, dann in die Formen gegossen, anschließend trocken gesalzen. 4 Wochen lang wird Ami du Chambertin mehrere Male wöchentlich mit Wasser gewaschen, das mit Burgunder Treber angereichert wird. Er wird in Spanschachteln angeboten.

**In der Küche** Als Bestandteil einer Käseplatte oder warm zu einem Salat.

**Getränketipp** Vollmundige weiche Rotweine, z. B. Spätburgunder bzw. Pinot Noir oder Weißweine, etwa Weiß- und Grauburgunder

# Andechser Hirtenkäse

**Käseart** Weichkäse

**Milch** Halbfester Schnittkäse

**Fettgehalt** 30 % i. Tr.

**Herkunft** Andechs (Oberbayern), Deutschland

**Eigenschaften** Der Andechser Hirtenkäse schmeckt leicht pikant bis kräftig, seine Oberfläche ist geschmiert und hat eine goldgelbe bis rötliche Farbe. Der Teig ist fest bis geschmeidig, elfenbeinfarben bis goldgelb.

**Herstellung** In der Molkerei Scheitz am Ammersee wird der Hirtenkäse aus frischer BIOLAND®-Milch nach handwerklicher Tradition hergestellt. Der Milch werden Milchsäurebakterien und mikrobielles Lab zugegeben, nach dem Abfließen der Molke wird der Rohkäse in Formen gefüllt und einige Male gewendet. Nach einem Salzbad reift der Käse 5 Wochen, dann wird er erneut geschmiert und gewendet.

**In der Küche** Bereichert jede Käseplatte, verfeinert Käsespieße und darf bei keiner bayerischen Brotzeit fehlen.

**Getränketipp** Fruchtige kräftige Rotweine und trockene Weißweine wie Weißburgunder, Silvaner und Riesling

# Andechser Ziegencamembert

**Käseart** Weichkäse

**Milch** Pasteurisierte Bio-Ziegenmilch

**Fettgehalt** 50 % i. Tr.

**Herkunft** Andechs (Oberbayern), Deutschland

**Eigenschaften** Der Andechser Ziegencamembert schmeckt mild-aromatisch bis pikant und leicht nach Ziege. Der Teig ist geschmeidig bis weich, die Oberfläche ist von einer Weißschimmelrinde bedeckt.

**Herstellung** Der Andechser Ziegencamembert wird unter der Verwendung von Milchsäurebakterien, Weißschimmelkulturen und Kälbermagenlab in der Molkerei Scheitz am Ammersee nach alter Handwerkstradition hergestellt.

**In der Küche** Ideal zu Brot oder zur Verfeinerung von Salaten. Eine Alternative für Kuhmilchallergiker.

**Getränketipp** Weißwein, z. B. spritziger Riesling oder Sauvignon, oder Rotwein wie Dornfelder, Beaujolais

# Ansó

**Käseart** Schnittkäse

**Milch** Rohmilch vom Schaf

**Fettgehalt** 40 % i. Tr.

**Herkunft** Pyrenäen, Spanien

**Eigenschaften** Schmeckt angenehm kräftig und würzig. Sein Teig ist gelblichweiß.

**Herstellung** Traditionelle Herstellung in geringer Stückzahl.

**In der Küche** Er schmeckt gut zu frischem Bauernbrot und bereichert zusammen mit Oliven jeden Salat. Auch in Öl eingelegt eine Köstlichkeit.

**Getränketipp** Weißwein, z. B. Sauvignon oder Chardonnay oder Rotwein wie Rioja oder Tempranillo

# APPENZELLER

**Käseart** Halbfester Schnittkäse

**Milch** Rohmilch von der Kuh

**Fettgehalt** 48 % i. Tr.

**Herkunft** Kanton Appenzell, St. Gallen und Thurgau, Schweiz

**Eigenschaften** Mildes bis – je nach Reifung – kräftig-würziges Aroma. Der runde Käseteig ist zart und geschmeidig, gelb bis elfenbeinfarben, seine Rinde rötlich bis dunkelbraun.

**Herstellung** Aus naturbelassener Rohmilch hergestellt, die Kühe werden mit Heu gefüttert. Die Milch wird unter Rühren erwärmt, Lab und Milchsäurebakterien zugegeben, die Molke abgelassen, wenn der Bruch maiskörnergroß ist. Nach einer erneuten Erwärmung wird der Käse geformt und gepresst. Nach dem Abtropfen folgt das Ruhen in einer Salzlake. Im Keller reift der Käse mindestens 3 Monate und wird regelmäßig gewendet. Während der Reifung wird die Rinde mehrmals mit sog. Kräutersulz nach jahrhundertealtem Rezept gepflegt.

**In der Küche** Ideal für Aufläufe, Gratins, Saucen, Raclette und Käsefondue. Natürlich auch für die Käseplatte und zu Brot geeignet. Siehe Rezept S. 250.

**Getränketipp** Rotwein, z. B. Spätburgunder oder Merlot

# Artavaggio

**Käseart** Weichkäse

**Milch** Pasteurisierte Kuhmilch

**Fettgehalt** 45 % i. Tr.

**Herkunft** Lombardei, Italien

**Eigenschaften** Dieser Weichkäse aus der Lombardei zeichnet sich durch seinen fein- würzigen Geschmack aus. Er hat einen leichten Grauschimmel auf der Rinde.

**Geschichte** Bereits im 10. Jh. wurde im „Val Taleggio" der gleichnamige Taleggio-Käse hergestellt. Das Herstellungsverfahren hat also eine 1000-jährige Tradition.

**Herstellung** Das besondere Mikroklima der Täler sowie natürliche Reifungshöhlen – die berühmten „Casare" – mit konstant feuchtem Klima geben dem Käse die richtige Reifung und den charakeristischen Geschmack.

**In der Küche** Idealer Dessertkäse, schmeckt auch gut zu frischem Weiß- und Roggenbrot.

**Getränketipp** Weißwein, z.B. Frascati oder Orvieto, oder Rotwein wie Chianti oder Barolo

# Asiago (DOC)

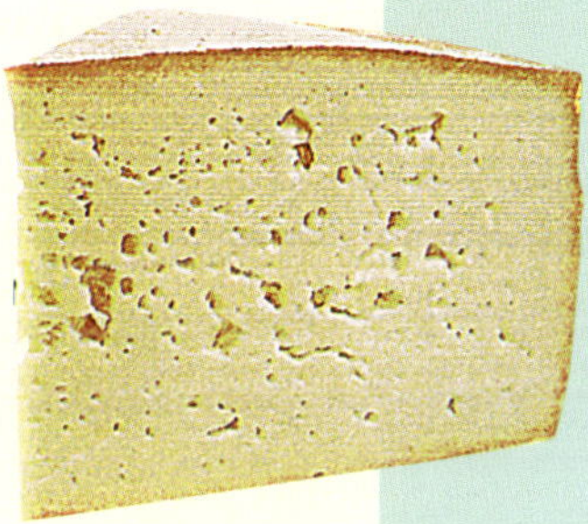

**Käseart** Schnittkäse

**Milch** Kuhmilch

**Fettgehalt** 34 bzw. 44 % i. Tr.

**Herkunft** Venetien, Italien

**Eigenschaften** Asiago ist ein ausgesprochen mild-würziger Tafelkäse, der sich hervorragend zum Reiben eignet. Er schmeckt nussig und hat einen zitronigen Nachgeschmack. Innen ist der Asiago d'Allevo strohfarben, die Rinde dunkelbraun. Beim Asagio pressato, der aus Vollmilch hergestellt wird (44 % Fett i. Tr.), ist der Teig weiß. Er schmeckt sehr viel milder.

**Geschichte** Der Asiago (frisch oder gereift) stammt aus dem Jahr 1000. Im Dialekt ist er als Pegorin bekannt.

**Herstellung** Grundlage ist Kuhmilch aus zwei Melkungen, von denen eine durch Absetzen entrahmt wird. Der dickgelegte Käse wird in Holzformen, die „fascere" gefüllt und gesalzen. Die Reifezeit dauert bis zu 2 Jahre.

**In der Küche** Mittelalten Asiago (mezzano) reibt man über Pasta oder Suppen, alten (vecchio) unter Risotto. Der junge Asiago und der Asiago pressato sind Tafelkäse.

**Getränketipp** Zu einem jungen Asiago passen leichtere Weißweine wie Orvieto, Trebbiano, oder Rotwein, z. B. Chianti

# Azeitão

**Käseart** Halbfester Schnittkäse

**Milch** Rohe Schafsmilch

**Fettgehalt** 45 % i. Tr.

**Herkunft** Setúbal, Portugal

**Eigenschaften** Der kleine runde Käse hat einen weißlichgelben Teig mit wenigen Löchern. Die Naturrinde ist orangerot. Er schmeckt leicht nach Schafsmilch und hat ein säuerlich-mildes Aroma.

**Herstellung** Nach der Dicklegung fließt die Molke langsam ab. Der Käse wird gesalzen und reift 20 Tage bei einer Temperatur von 10 – 12 °C und einer Luftfeuchtigkeit von 85 – 90 %.

**In der Küche** Ideal für die Käseplatte oder zu Brot.

**Getränketipp** Rotwein, z. B. Quinta de camarata

# BANON

**Käseart** Weichkäse

**Milch** Rohmilch von der Ziege

**Fettgehalt** 45 % i. Tr.

**Herkunft** Provence, Frankreich

**Eigenschaften** Der in Kastanienblätter eingewickelte Banon schmeckt je nach Milchart und Reifung frisch bis vollmundig aromatisch, leicht säuerlich und etwas nach Kastanienblatt.

**Geschichte** Um ihre Käse für den Winter zu konservieren, tränkten die Bauern seit dem 13. Jh. den leicht gereiften Käse in Alkohol, wickelten ihn in ein Kastanienblatt und umwickelten ihn mit Bast.

**Herstellung** Der Käse wird nach einer zweiwöchigen Reifung in Branntwein getaucht und dann in getrocknete Kastanienblätter gewickelt.

**In der Küche** Herzhaftes Roggenbrot unterstreicht den aromatischen Charakter des Käses. Er bereichert jede Käseplatte.

**Getränketipp** Spritzige fruchtige Weißweine oder leichte Rotweine zum jungen Banon, natürliche Süßweine wie Muscat de Beaumes de Venise oder gehaltvolle Rotweine, etwa Bandol zum gereiften Käse

# Bavaria Blu

**Käseart** Weichkäse mit Blauschimmel

**Milch** Pasteurisierte Kuhmilch

**Fettgehalt** 70 % i. Tr.

**Herkunft** Oberbayern, Deutschland

**Eigenschaften** Bavaria Blu ist ein cremiger pikanter Edelpilzkäse, der wegen seiner blau marmorierten Färbung auch Weiß-Blau-Käse genannt wird. Außen ist er von edlem Weißschimmel überzogen.

**Geschichte** Die Käserei Bergader „erfand" diesen Käse 1972.

**Herstellung** Die Milch stammt aus dem Chiemgau. Spezielle Reiferäume und die schonende Rahmbehandlung gewährleisten den zarten Reifemantel und den unvergleichlichen Geschmack.

**In der Küche** Schmeckt hervorragend zu frischem Roggenbrot, verfeinert Saucen und eignet sich zum Überbacken.

**Getränketipp** Trockener Rotwein, z. B. Dornfelder, Trollinger oder Lemberger, oder halbtrockener Sekt

# Beaufort (AOC)

**Käseart** Halbfester Schnittkäse

**Milch** Rohmilch von der Kuh

**Fettgehalt** 48 % i. Tr.

**Herkunft** Savoyen (Alpenregion), Frankreich

**Eigenschaften** Der Beaufort zeichnet sich durch volles reiches Aroma aus, riecht fruchtig und schmeckt sahnig, leicht nussig und etwas salzig. Er hat die Form eines Mühlrades. Seine Naturrinde ist sehr dünn und dunkelgelb.

**Geschichte** Der lange haltbare Bergkäse wurde von den Bauern nur selten selbst verzehrt. Sein Verkauf auf den Märkten bildete eine wichtige Einnahmequelle.

**Herstellung** Die aus den Hochalpen stammende Milch gerinnt noch warm unter Zusatz von Lab. Die dickgelegte Milch wird über offener Flamme unter Rühren erwärmt, in Buchenholzreifen geformt und gepresst. Nach 6 Monaten ist der Käse reif.

**In der Küche** Er ist der ideale Käse zum Überbacken von Aufläufen, da er schnell schmilzt. Er mundet ebenso gut als Abschluss einer Mahlzeit oder zu Kürbisbrot.

**Getränketipp** Alle fruchtigen Weiß- und Rotweine aus Savoyen

# Bel Paese

**Käseart** Halbfester Schnittkäse

**Milch** Pasteurisierte Kuhmilch

**Fettgehalt** 45 % i. Tr.

**Herkunft** Lombardei, Italien

**Eigenschaften** Erhältlich ist er in flachen runden Laiben. Er hat eine zarte goldgelbe Rinde. Seinen unverwechselbaren Charakter verdankt er dem weichen strohfarbenen Teig und dem leicht säuerlichen Geschmack. Er ähnelt dem deutschen Butterkäse.

**Geschichte** 1906 produzierte Egidio Galbani in Mailand zum erstem Mal diesen beliebten Käse, der übersetzt „schönes Land" bedeutet.

**Herstellung** Der beliebte Käse aus der Lombardei wird auch heute noch im Hause Galbani industriell produziert.

**In der Küche** Ein idealer Dessertkäse. Passt auch zum Käsefondue, zum Überbacken von Pizzas oder anderen warmen Gerichten. Siehe Rezept S. 254.

**Getränketipp** Fruchtige Rotweine, z.B. Chianti oder Montepulciano d'Abruzzo

# Bergader Edelpilz

**Käseart** Weichkäse mit Blauschimmel

**Milch** Pasteurisierte Kuhmilch

**Fettgehalt** 50 % i. Tr.

**Herkunft** Oberbayern, Deutschland

**Eigenschaften** Bergader Edelpilz ist ein kräftiger pikanter Blauschimmelkäse. Sein Teig ist cremig und zergeht auf der Zunge. Auf der Oberfläche befindet sich Edelpilz.

**Geschichte** 1927 setzte Basil Weixler, der Firmengründer der Käserei Bergader, der Berchtesgadener Milch den *Penicillium roqueforti* zu und kreierte damit den ersten deutschen Edelpilzkäse. Er nannte ihn „Bayerischer Gebirgs-Roquefort“. Die Empörung der Franzosen folgte postwendend. Und der Käse wurde „Bergader Edelpilz“ genannt.

**Herstellung** Traditionell wird bei Bergader natürliches Lab zur Produktion verwendet, das zur Milchgerinnung benötigt wird.

**In der Küche** Eignet sich hervorragend zur Verwendung in der warmen Küche, zum Verfeinern von Saucen und Dressings oder zum Überbacken. Siehe Rezept S. 272.

**Getränketipp** Rotweine wie Dornfelder, Lemberger oder Trollinger

# Bianco

**Käseart** Halbfester Schnittkäse

**Milch** Pasteurisierte Kuhmilch

**Fettgehalt** 55% i. Tr.

**Herkunft** Oberbayern, Deutschland

**Eigenschaften** Bianco schmeckt mild, sahnig und leicht nussig, mit leicht säuerlicher Note. Neben Bianco natur gibt es Bianco Knoblauch und Bianco Tomate und Basilikum.

**Geschichte** Bianco wurde bereits im Jahre 1959 bei Bergader entwickelt und wird seitdem nach dem gleichen Rezept hergestellt. Sein Geschmack ist geprägt durch „den Schlag Rahm extra".

**Herstellung** Vor der Verarbeitung wird die Milch nach einem speziellen Verfahren besonders schonend erwärmt, damit der Charakter der guten Milch aus dem Chiemgau und Rupertiwinkel erhalten bleibt.

**In der Küche** Eignet sich hervorragend zum Übertoasten und Überbacken.

**Getränketipp** Trockener Weißwein, z.B. Silvaner

# Biarom

**Käseart** Halbfester Schnittkäse

**Milch** Pasteurisierte Kuhmilch

**Fettgehalt** 45 % i. Tr.

**Herkunft** Oberbayern, Deutschland

**Eigenschaften** Charakteristisch für den Biarom ist sein reiner, vollmundiger und würziger Geschmack. Er ist mit grünem Pfeffer, Kräutern der Provence, Kümmel oder Paprika-Zwiebel gewürzt erhältlich.

**Geschichte** Der erste Biarom wurde im Jahr 1966 entwickelt. Im Laufe der Zeit kamen dann verschiedene Geschmacksrichtungen hinzu.

**Herstellung** Vor der Verarbeitung wird die Milch nach einem speziellen Verfahren besonders schonend erwärmt, damit der Charakter der guten Milch aus dem Chiemgau und Rupertiwinkel erhalten bleibt.

**In der Küche** Ein Käse, der zahlreiche Verwendungsmöglichkeiten in der warmen Küche bietet. Er eignet sich sowohl zum Überbacken als auch zum Füllen von deftigem Blätterteiggebäck.

**Getränketipp** Trockener Weißwein, z. B. Silvaner oder Kerner

# Bitto (DOC)

**Käseart** Halbfester Schnittkäse

**Milch** Pasteurisierte Kuh- und Ziegenmilch

**Fettgehalt** 45 % i. Tr.

**Herkunft** Lombardei, Italien

**Eigenschaften** Der gelbliche Teig schmeckt delikat, süß und etwas nach Butter. Wird Ziegenmilch (max. 10 %) zugegeben, ist das Aroma pikanter. Die Rinde ist gelbgrau.

**Geschichte** Die Herstellung des Bitto hat ihre Ursprünge auf dem Nordhang der Valtellina, der kühler und schattiger als der Südhang ist und seit jeher zum Weiden benutzt wird.

**Herstellung** Die Reifezeit beträgt mindestens 70 Tage, doch er kann auch einige Jahre lang mit ausgezeichneten Ergebnissen reifen. Die Milch wird sofort nach dem Melken in den Almhütten verarbeitet, und die Formen werden in extra dafür vorgesehenen Steinbecken aufbewahrt, in denen sie bis zum Ende des Sommers, wenn die Herden wieder ins Tal getrieben werden, reifen.

**In der Küche** Ein idealer Tafelkäse, der jede Käseplatte bereichert und gut zu Brot schmeckt. Der reifere Käse eignet sich zum Reiben, schmeckt in Pastasaucen oder zum Gratinieren.

**Getränketipp** Weißweine, z. B. Orvieto oder Galestro, oder Rotweine wie Barolo, Chianti oder Dolcetto

# Bleu d'Auvergne (AOC)

**Käseart** Weichkäse mit Blauschimmel

**Milch** Kuhmilch, pasteurisiert oder als Rohmilch

**Fettgehalt** 50 % i. Tr.

**Herkunft** Auvergne, Frankreich

**Eigenschaften** Der Bleu d'Auvergne ist ein marmorierter Edelpilzkäse und schmeckt streng-pikant und salzig. Seine Konsistenz ist cremig, seine Form erinnert an einen Zylinder.

**Geschichte** 1845 kam der Bauernsohn Antoine Russel auf die Idee, dem Käsebruch einen blauen Schimmelpilz zuzugeben, den er auf einem Roggenbrot entdeckt hatte. Er durchstach den Käse mit einer Nadel, damit Luft ins Innere gelangen und sich die Edelpilzadern und ein besonderes Aroma entwickeln konnten.

**Herstellung** Unter Rühren setzt man dem Käsebruch Blauschimmelporen zu, Luftkanäle sorgen dafür, dass sich der Edelpilz entwickelt. Nach 4 Wochen ist der Käse reif.

**In der Küche** Schmeckt mit Butter verrührt auf Kanapees. Er gibt Gratins, Salaten oder Soufflés ein köstliches Aroma und passt hervorragend zu Haselnussbrot.

**Getränketipp** Kräftige Rotweine wie Cahors und Côtes du Rhône, aber auch Süßweine wie Sauternes

# Bleu des Causses (AOC)

**Käseart** Weichkäse mit Blauschimmel

**Milch** Kuhmilch, pasteurisiert oder roh

**Fettgehalt** 45 % i. Tr.

**Herkunft** Plateau des Causses (Zentralmassiv), Frankreich

**Eigenschaften** Der Bleu des Causses zeichnet sich durch seinen sehr intensiven Geschmack aus. Er besitzt ein herzhaft-pikantes, nussartiges Aroma.

**Geschichte** Schon seit Jahrhunderten gibt es auf den kalkigen Hochebenen des Zentralmassivs, den Causses, kleine handwerklich betriebene Käsereien.

**Herstellung** Der Käse reift in natürlichen Höhlen. Sie werden von feuchtkalten Luftströmen durchzogen, die den Käse „aufblühen" lassen und ihm seinen milden, aber intensiven Geschmack verleihen.

**In der Küche** Warm als Füllung für Omelettes oder Crêpes; zu Nudeln, Kartoffeln, gegrilltem Fleisch, in Saucen oder zu frischem Baguette.

**Getränketipp** Kräftige Rotweine, z. B. ein Cru von der Rhône

# Bleu de Gex Haut-Jura (AOC)

**Käseart** Halbfester Schnittkäse mit blauem Edelpilz

**Milch** Kuhmilch, pasteurisiert

**Fettgehalt** 50 % Fett i. Tr.

**Herkunft** Franche-Comté, Frankreich

**Eigenschaften** Der Geschmack des Bleu de Gex Haut-Jura ist mild und leicht haselnussartig.

**Herstellung** Es darf ausschließlich die Milch der Montbéliard-Kühe verwendet werden, die auf den saftigen Weiden des Jura grasen. Denn es ist gerade diese Milch, die dem Käse das typische Aroma verleiht, das ihn von allen anderen „Bleus" unterscheidet. Er reift mindestens 2 Monate.

**In der Küche** In der Pfanne geschmolzen auf Landbrot, über Kartoffeln und zum Raclette.

**Getränketipp** Rot- und Roséweine aus dem Jura, rote Bordeaux, Côtes du Rhône

# Bleu de Termignon

**Käseart** Weichkäse mit Blauschimmel, Saisonkäse (Winter)

**Milch** Rohmilch von der Kuh

**Fettgehalt** 50 % i. Tr.

**Herkunft** Termignon (Savoyen), Frankreich

**Eigenschaften** Der Geschmack des Bleu de Termignon ist von großer Raffinesse. Er gehört zu den Edelsten unter den Blauschimmelkäsesorten und ist eine nicht gerade billige Rarität. Erhältlich ist er nur in den Wintermonaten.

**Geschichte** Schon Karl der Große soll diesen Käse gepriesen haben.

**Herstellung** Nur einige wenige Bauern produzieren diesen Käse. Die Milch stammt von Kühen, die in den Hochalpen weiden. Er ruht 15 Tage im Keller, dann reift der Käse 3 – 4 Monate bei 11 °C. Ab November ist er erhältlich.

**In der Küche** Schmeckt zu frischem Baguette- oder Roggenbrot und zu Trauben, bereichert jede Käseplatte.

**Getränketipp** Leichte Weißweine aus der Region oder schwere Rotweine, etwa Pomerol oder Burgunder

# Bleu de Vercors-Sassenage (AOC)

**Käseart** Halbfester Schnittkäse mit Edelpilz

**Milch** Rohe Kuhmilch

**Fettgehalt** mindestens 48 % i. Tr.

**Herkunft** Rhônes-Alpes, Frankreich

**Eigenschaften** Sein Teig ist geschmeidig und cremig, sein Geschmack mild-nussig.

**Geschichte** Dieser traditionelle Bergkäse wurde zuerst von Mönchen hergestellt. Im 14. Jh. erlaubte der Baron de Sassenage seinen Untertanen, den von ihnen produzierten Käse frei zu verkaufen. François I. und Diderot schätzten diesen milden Bleu besonders.

**Herstellung** Der Käse wird traditionell auf einem Bauernhof hergestellt und reift 2–3 Monate. Die Produktion ist gering.

**In der Küche** Als Aperitif, zum Abschluss einer Mahlzeit, zum Verfeinern von Sauen, als Raclette-Käse.

**Getränketipp** Beaujolais Village, Côtes du Rhône, Süßweine wie Barsac, Banyuls

# Bonifaz

**Käseart** Weichkäse

**Milch** Pasteurisierte Kuhmilch

**Fettgehalt** 70 % i. Tr.

**Herkunft** Oberbayern, Deutschland

**Eigenschaften** Ein cremiger streichfester Weichkäse, den es in acht verschiedenen Sorten gibt: sahnig-cremig, Knoblauch (Goldener DLG-Preis), Champignon, Rotkultur, Peperoni, Pfeffer, Gartenkräuter, Gourmet (Silberner DLG-Preis).

**Geschichte** Bonifaz war der erste Weichkäse, der in unterschiedlichen Geschmacksrichtungen hergestellt wurde. Benannt ist er nach dem legendären Erzbischof Bonifatius. Er schätzte die Gastfreundschaft der bayerischen Benediktiner-Klöster sehr, besonders gerne aß er dort den köstlichen Käse.

**Herstellung** Die gehaltvolle Alpenmilch stammt von ausgesuchten Bauernhöfen. Spezielle Reiferäume und die schonende Rahmbehandlung gewährleisten einen originalzarten Weißschimmelmantel. Bonifaz reift gleichmäßig durch die ganze Käsetorte.

**In der Küche** Bonifaz eignet sich zum Verfeinern von Saucen oder Dressings, für Käseplatten und zum ausgiebigen Frühstück oder zu einer köstlichen Brotzeit.

**Getränketipp** Trockener Rotwein, z. B. Dornfelder, Lemberger oder Trollinger

# Boscaiola

**Käseart** Weichkäse

**Milch** Pasteurisierte Kuhmilch

**Fettgehalt** 50 % i. Tr.

**Herkunft** Lombardei, Italien

**Eigenschaften** Der Boscaiola hat einen cremig-geschmeidigen Teig und schmeckt angenehm würzig. Er zergeht auf der Zunge.

**Herstellung** Der Name bedeutet „Holzhauer".

**In der Küche** Ideal für Pastasaucen oder als Füllung von Pasta, da er gut schmilzt.

**Getränketipp** Fruchtige Rotweine, z.B. Chianti oder Montepulciano d'Abruzzo oder Weißweine wie Orvieto oder Galestro

# Boulette d'Avesnes

**Käseart** Weichkäse mit Rotschmiere

**Milch** Ziegenmilch, pasteurisiert oder roh

**Fettgehalt** 52 % i. Tr.

**Herkunft** Avesnes-sur-Helpe (Cambrai), Frankreich

**Eigenschaften** Der mit Bier gewaschene Käse wird aus Buttermilch hergestellt und mit Pfeffer, Estragon und Nelken gewürzt. Er schmeckt sehr kräftig. Der kegelförmige Laib hat eine fleckige rotgelbe Rinde, sein Teig ist bröckelig.

**Geschichte** Bereits seit dem 10. Jh. werden in der Käseregion Weich- und Schnittkäse produziert.

**Herstellung** Der seit 1760 produzierte Käse wird noch heute mit der Hand geformt. Er reift 3 Monate. Sein Gegenspieler aus Kuhmilch ist der Boulette de Cambrai.

**In der Küche** Der wie ein Zuckerhut geformte Käse, der zum Schluss in Paprika gerollt wird, bereichert schon optisch jede Käseplatte.

**Getränketipp** Weicher Rotwein aus dem Roussillon

# BOURSAULT

**Käseart** Weichkäse mit Weißschimmel

**Milch** Pasteurisierte Kuhmilch

**Fettgehalt** 70 % i. Tr.

**Herkunft** Normandie, Frankreich

**Eigenschaften** Der Boursault ist cremig-buttrig und hat einen leicht säuerlichen Geschmack. Seine Konsistenz erinnert an Briekäse.

**Herstellung** Er wird zu ca. 200 Gramm schweren Zylindern mit ca. 8 cm im Durchmesser und 5 cm Höhe geformt. Seine Rinde ist mit einer flaumigen weißen Schimmelschicht überzogen und weist vereinzelte hellbraune Flecken auf.

**In der Küche** Passt wie Brie zu frischem Baguette- und Roggenbrot, bereichert jede Käseplatte und ist ideal zu frischem Obst oder in Salaten.

**Getränketipp** Leichte Weißweine oder Bordeaux

# Boursin

**Käseart** Frischkäse

**Milch** Pasteurisierte Kuhmilch

**Fettgehalt** 70 % i. Tr.

**Herkunft** Normandie, Frankreich

**Eigenschaften** Der Boursin ist sehr cremig, seine Konsistenz erinnert an Butter und er schmeckt wie ein milder Camembert. Es gibt ihn auch mit verschiedenen Kräutern und Knoblauch gewürzt.

**Herstellung** Durch Milchsäuregerinnung gewonnener wenig gereifter Käse mit leicht säuerlichem Geschmack, mit Rahm angereichert. Boursin aux Fines Herbes: Er wird in verschiedenen Geschmacksrichtungen angeboten, z. B. Rosmarin, Fenchel und Schnittlauch. Boursin au Poivre: Eine Boursinart, die mit gebrochenen schwarzen Pfefferkörnern bedeckt ist, die dem Käse als Ergänzung zu dem sahnigen Inneren einen würzigen Geschmack geben.

**In der Küche** Schmeckt als Brotaufstrich, auch auf Kräckern. Zum Verfeinern von Dips und Saucen geeignet.

**Getränketipp** Leichte Weißweine oder fruchtige Rotweine, z.B. Beaujolais

# Brescianella

**Käseart** Weichkäse

**Milch** Rohmilch von der Kuh

**Fettgehalt** 48 % i. Tr.

**Herkunft** Lombardei, Gebiet Brescia/Cremona, Italien

**Eigenschaften** Brescianella zeichnet sich durch seinen milden bis leicht würzigen Geschmack aus. Sein Teig ist geschmeidig, der gereifte Käse zart schmelzend. Die Rinde ist dunkel orangefarben.

**Geschichte** Benannt wurde der Käse nach der lombardischen Stadt Brescia, das Zentrum seiner Produktion.

**Herstellung** Die Käserinde wird mit in Grappa eingelegtem Gerstenschrot affiniert. Der Käse reift ca. 60 Tage.

**In der Küche** Als Dessertkäse zu frischem Baguette oder Nussbrot, zum Überbacken oder zum Verfeinern von Saucen.

**Getränketipp** Rotwein, z.B. Barbaresco, Barolo oder Merlot

# Bresse Bleu

**Käseart** Weichkäse mit Blauschimmel

**Milch** Pasteurisierte Kuhmilch

**Fettgehalt** 55% i. Tr.

**Herkunft** Provinz Bresse (Bourgogne), Frankreich

**Eigenschaften** Der runde Bresse Bleu schmeckt mild und pikant zugleich. Sein Teig ist cremig und von bläulichen Edelpilzschimmeladern durchzogen. Er ist hervorragend als Dessertkäse geeignet.

**Herstellung** Dem Käsebruch werden vor dem Formen Grün- oder Blauschimmelkulturen zugegeben. Während der Reifung werden mit Nadeln Löcher in den Teig gestochen, damit Luftkanäle entstehen.

**In der Küche** Eine pikante Kombination geht der Bresse Bleu mit Schwarzbot ein, er mundet mit blauen oder grünen Weintrauben und bereichert Salate, etwa aus Chicorée.

**Getränketipp** Kräftige Rotweine wie Pomerol oder Burgunder oder edelsüße Weißweine wie Jurancon, Sauternes oder Portwein

# Brie (AOC)

**Käseart** Weichkäse mit weißem Edelpilz

**Milch** Kuhmilch, pasteurisiert

**Fettgehalt** 50 % i. Tr.

**Herkunft** Ile de France (Paris), Frankreich

**Eigenschaften** Seinen Namen verdankt er der gleichnamigen Landschaft östlich von Paris. Er hat meist die Form einer flachen Torte. Der cremige Brie schmeckt nach Nüssen und leicht nach Pilzen. Der gereifte gelblichweiße Teig ist geschmeidig, weich und elastisch. Er ist mit feinem weißen Oberflächenschimmel bedeckt.

**Geschichte** Vor der „Eisenbahnzeit" konnte der empfindliche Käse nicht transportiert werden, er war deshalb vor allem den Einwohnern Paris vergönnt. Sein Name damals: Pariser.

**Herstellung** Brie reift von innen nach außen. Industriell hergestellter Brie besteht aus pasteurisierter Milch. Er reift mehrere Wochen, in denen sich der Weißschimmel bildet.

**In der Küche** Auf der Käseplatte, Kanapees, zu Baguette. Zur Verfeinerung von Saucen und Suppen, da er gut schmilzt, in Scheiben geschnitten zu Kartoffelgerichten und geschmortem Gemüse.

**Getränketipp** Fruchtige Rotweine, z.B. Beaujolais

# BRIE DE MEAUX (AOC)

**Käseart** Weichkäse mit Weißschimmelbildung

**Milch** Kuhmilch, pasteurisiert oder als Rohmilch

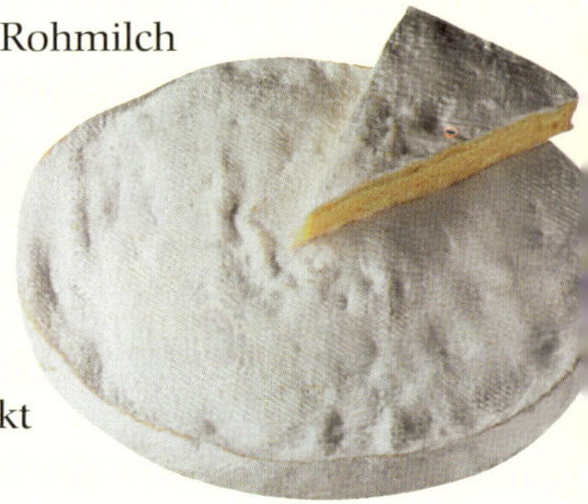

**Fettgehalt** 45 % i. Tr.

**Herkunft** Ile de France (Paris), Frankreich

**Eigenschaften** Der cremige, aus Rohmilch hergestellte Brie de Meaux schmeckt je nach Reifung leicht haselnussartig.

**Geschichte** Der Brie de Meaux gilt als „König der Käse". Diesen Titel erhielt er zumindest anlässlich des Wiener Kongresses im Jahr 1814, als der französische Staatsmann Talleyrand einen Käsewettbewerb ausrichten ließ, bei dem alle 30 Staatenvertreter ihre landestypischen Käsesorten präsentierten.

**Herstellung** Dank der Zugabe von Lab gerinnt der Käse in ca. 30 Minuten. Nach dem Formen werden die Laibe auf Stroh- oder Kunststoffmatten gelagert und regelmäßig gewendet. Nach 1 Woche werden die Käse mit einer Schimmelkultur besprüht und unter weiterem Wenden 3 – 10 Wochen gelagert.

**In der Küche** Zum Abschluss einer Mahlzeit, auf Kanapees, zu Baguette. Zur Verfeinerung von Saucen, da er gut schmilzt.

**Getränketipp** Kräftige und fruchtige Burgunder sowie rote Bordeaux, ganz besonders Pomerol und Saint-Emilion

# Brie de Melun (AOC)

**Käseart** Weichkäse mit weißem Edelpilz

**Milch** Rohe Kuhmilch

**Fettgehalt** 45 % i. Tr.

**Herkunft** Ile de France (Paris), Seine-et-Marne, Aube, Yonne, Frankreich

**Eigenschaften** Wegen seines etwas geringeren Durchmessers gilt der Brie de Melun als „kleiner“ Bruder des Brie de Meaux. Im Aroma ist er sehr viel kräftiger, robuster und salziger.

**Herstellung** Der Brie de Melun wird mit Milchsäurebakterien zum Gerinnen gebracht, der Prozess dauert 18 Stunden. Das Zentrum der Produktion liegt um das Dorf Melun in der Nähe von Paris. Der Käse reift ca. 4 Wochen.

**In der Küche** Zum Abschluss einer Mahlzeit, auf Brot, zum Verfeinern von Suppen und Saucen oder zum Überbacken.

**Getränketipp** volle, kräftige Rotweine aus dem Burgund und dem Rhône-Tal mit intensivem Bouquet

# Brillat Savarin

**Käseart** Frischkäse

**Milch** Pasteurisierte Kuhmilch

**Fettgehalt** 75 % i. Tr.

**Herkunft** Burgund und Normandie, Frankreich

**Eigenschaften** Der Brillat Savarin schmeckt angenehm mild und cremig. Er hat einen fein säuerlichen Geschmack.

**Geschichte** „Ein Dessert ohne Käse ist wie eine Schöne, der ein Auge fehlt", schrieb einst der berühmte französische Schriftsteller und Feinschmecker Brillat-Savarin in seiner „Physiologie des Geschmacks".

**Herstellung** Durch Milchsäuregerinnung gewonnener wenig gereifter Käse mit leicht säuerlichem Geschmack. Der Brillat-Savarin wird auch heute noch von Hand geschöpft und zu kleinen, etwa 450 Gramm schweren Laiben mit etwa 12–13 cm Durchmesser verarbeitet.

**In der Küche** Er hat eine Vorliebe für Deftiges und passt zu Pumpernickel oder kräftigem Vollkornbrot.

**Getränketipp** Leichte Weine oder charaktervolle Champagner

# Brin d'Amour

**Käseart** Weichkäse

**Milch** Rohmilch vom Schaf

**Fettgehalt** 40–50% i. Tr.

**Herkunft** Korsika, Frankreich

**Eigenschaften** Der cremige und meist runde Brin d'Amour wird – je nach Saison – von verschiedenen getrockneten Wiesen- und Waldkräutern umhüllt. Er schmeckt sehr intensiv und leicht säuerlich.

**Herstellung** Bei der Reifung gibt der Käse Feuchtigkeit ab und es beginnt eine weißblaue Schimmelbildung, die normal und ungefährlich ist.

**In der Küche** Pur, auf Brot oder im Salat. Der Franzose isst diesen Käse ohne Rinde. Das Herz des Käses nimmt während der Reifung das Aroma der Kräuter an und ist besonders zart schmelzend.

**Getränketipp** Er passt hervorragend zu trockenem Rotwein, etwa zu einem spanischen Pinot Noir oder Rioja

# Brocciu

**Käseart** Weichkäse

**Milch** Ziegen- und Schafsmilch

**Fettgehalt** 40 % i. Tr.

**Herkunft** Korsika, Frankreich

**Eigenschaften** Der kegelförmige Brocciu schmeckt jung frisch und leicht ziegig, im gereiften Zustand kräftig, salzig und etwas herb.

**Geschichte** Der Name stammt vom korsischen „brousser" (schlagen) ab, ein Hinweis auf das lange Rühren während der Herstellung. Schon die Mutter Napoleons soll diesen Molkenkäse in der Küche zum Kochen und Backen verwendet haben.

**Herstellung** Ziegen- und Schafsmolke werden mit Ziegen- und Schafsmilch gemischt, erhitzt und gesalzen. Der erhitzte Bruch wird aufwändig gerührt und dann in Behälter gefüllt. Als Frischkäse oder gereift (nach 15 Tagen) erhältlich.

**In der Küche** In Korsika wird Brocciu in der kalten und warmen Küche verwendet. Er schmeckt gut zu kräftigem Roggenbrot.

**Getränketipp** Kräftige korsische Rotweine oder ein Côtes du Rhône

# Brouère

**Käseart** Halbfester Schnittkäse

**Milch** Rohmilch von der Kuh

**Fettgehalt** 48 % i. Tr.

**Herkunft** Vogesen, Frankreich

**Eigenschaften** Der Brouère schmeckt kernig mild bis würzig, mit fruchtigem Aroma.

**Herstellung** Der Käse wird auf traditionelle Art hergestellt. Geformt wird er in Behältern aus Holz, in die per Hand Motive von Tannen und Vögeln aus der Region geschnitzt werden.

**In der Küche** Der würzige Alpenkäse schmeckt pur oder zu frischem Baguette- oder Roggenbrot. Auch für Quiches, Omelettes und fürs Fondue geeignet.

**Getränketipp** Leichte Weißweine wie Orvieto, oder Rotweine, z.B. Barolo oder Merlot

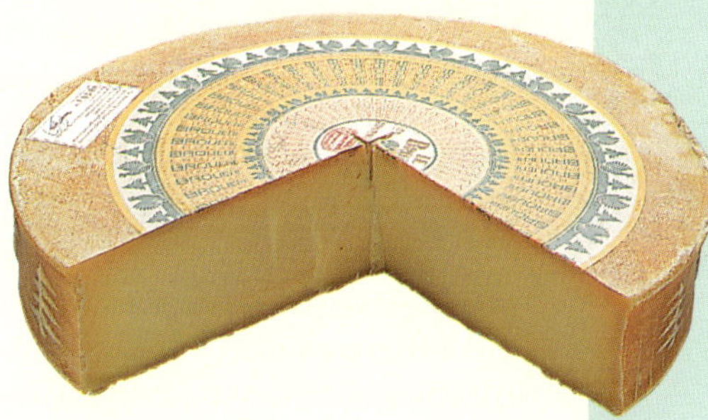

# Butterkäse

**Käseart** Halbfester Schnittkäse

**Milch** Pasteurisierte Kuhmilch

**Fettgehalt** 45 % i. Tr.

**Herkunft** Deutschland

**Eigenschaften** Der Butterkäse schmeckt mild und fein säuerlich, der gelbe Teig hat nur wenige Lochungen und eine butterähnliche Konsistenz.

**Geschichte** Seinen Namen verdankt er dem buttergelben Farbton und seinem ausgewogenen Geschmack. Der deutsche Butterkäse hat seinen Ursprung im italienischen Bel Paese.

**Herstellung** Er reift 6 Wochen.

**In der Küche** Der milde Käse schmeckt auf Roggenbrot, verfeinert Salate und eignet sich hervorragend zum Überbacken. Siehe Rezept S. 269.

**Getränketipp** Weißwein, z. B. fruchtiger Riesling oder Weißburgunder, oder Rotwein wie Spätburgunder oder Beaujolais

# Cabrales (D.O.P.)

**Käseart** Halbfester Schnittkäse mit Blauschimmel

**Milch** Rohmilch von der Kuh, auch Schaf- oder Ziegenmilch

**Fettgehalt** 45 % i. Tr.

**Herkunft** Provinz Asturien, Spanien

**Eigenschaften** Der Cabrales reift in Berghöhlen und hat ein strenges, ziemlich scharfes Aroma. Das Gütesiegel D.O.P. für spanischen Käse entspricht dem französischen AOC. Der pikante Teig ist weich, die Rinde bräunlich bis schwarz und klebrig.

**Herstellung** Meist wird Cabrales aus roher Kuhmilch hergestellt, im Frühjahr und Sommer gibt man Ziegen- und Schafsmilch zu. Der gepresste Bruch wird geformt, gesalzen und 1–2 Wochen an der Luft getrocknet. Durch den hohen Sporengehalt in der Luft entsteht der Schimmel. Der Käse reift mindestens 3 Monate in feuchten Kalksteinhöhlen, in der Zeit wird er regelmäßig gewendet.

**In der Küche** Schmeckt gut als Dessertkäse. Da er gut schmilzt, lassen sich auch Suppen und Saucen damit verfeinern.

**Getränketipp** Rotwein, z.B. Rioja oder Val die Luca Sangiovese

# Cacciocavallo Silano (DOC)

**Käseart** Schnittkäse

**Milch** Pasteurisierte Kuhmilch

**Fettgehalt** 44 % i. Tr.

**Herkunft** Süditalien

**Eigenschaften** Der Cacciocavallo schmeckt süß, bei mittlerem Reifegrad butterartig, reif eher pikant. Der Teig ist goldgelb, die Rinde strohgelb. Seine Form ist oval bis spindelförmig. Er ist ein erstklassiger Tafelkäse, der reife Cacciocavallo ist auch als Reibekäse geeignet.

**Geschichte** „Du wirst noch enden wie der Cacciocavallo!" Wer diese Drohung ausstößt, hofft, den Geschmähten an einem Pfahl baumeln zu sehen – mit einer um den Hals gewundenen Schnur. Genau wie den Cacciocavallo.

**Herstellung** Die Milch stammt von Kühen, die in Kalabrien, Kampanien und Apulien weiden. Sie steht 15 Tage, bevor sie mit Lab versetzt wird. Die Käsemasse wird noch heute von Hand in Formen gefüllt, wobei der Teig kräftig geknetet wird. Nach einem Salzbad reifen die Laibe 2 Wochen bis einige Monate.

**In der Küche** Bereichert jede Käseplatte. In der warmen Küche verwendet man ihn paniert und frittiert, im Ofen gegart oder vom Grill.

**Getränketipp** Weißweine, z.B. Orvieto oder Galestro, oder Rotweine wie Barolo, Chianti oder Dolcetto

# Camembert de Normandie (AOC)

**Käseart** Weichkäse mit Weißschimmelrinde

**Milch** Kuhmilch, pasteurisiert oder als Rohmilch

**Fettgehalt** 45 % i. Tr.

**Herkunft** Normandie, Frankreich

**Eigenschaften** Der Rohmilchkäse schmeckt cremig, sahnig und leicht salzig. Jung hat er einen fruchtigen Geschmack. Industriell hergestellter Camembert hat keinen Eigengeruch und ist eher geschmacksneutral. Seine feine Rinde ist mit Edelschimmel bedeckt.

**Herstellung** Weichkäse reifen von innen nach außen. Beim Camembert de Normandie wird der Bruch mit einer durchlöcherten Kelle abgeschöpft, kommt dann in die typische runde Form, damit die restliche Molke abfließen kann. Getrocknet wird der Käse in so genannten Hâloirs, Räumen mit spezieller Luftfeuchtigkeit und Temperatur. Reif ist er nach 21 Tagen.

**In der Küche** Auf Brot oder Käseplatte, zum Verfeinern von Aufläufen und Gratins, mit Panade umhüllt ausgebacken. Siehe Rezept S. 278.

**Getränketipp** Weine aus dem Burgund, milde Bordeaux, aber auch fruchtige Beaujolais, kräftige Côtes du Rhône oder vollmundige Weine aus der Touraine

# Cantal (AOC)

**Käseart** Schnittkäse

**Milch** Pasteurisierte oder rohe Kuhmilch

**Fettgehalt** 45 % i. Tr.

**Herkunft** Pays Vert (Auvergne), Frankreich

**Eigenschaften** Der junge Cantal schmeckt nach roher Milch und hat eine trockene graue Rinde; je reifer er wird, desto kräftiger und würziger ist sein Geschmack. Die Rinde des reifen Käses ist goldfarben.

**Geschichte** Sein Geschmack begeisterte schon die Römer vor 2000 Jahren, wie Schriften von Plinius dem Älteren beweisen. Er zählt zu den ältesten Käsesorten.

**Herstellung** Der gesalzene Käse wird geformt und 2 Tage gepresst, danach reifen die Laibe etwa 30 Tage im Keller. Nach weiteren 4–6 Monaten ist der Käse gereift.

**In der Küche** Zwischendurch als Snack, zu Äpfeln, Weintrauben oder Beerenfrüchten, in der warmen Küche, z. B. in Crêpes. Zum Verfeinern von Saucen oder Aufläufen.

**Getränketipp** Leichte fruchtige Rotweine, z. B. Beaujolais oder Côtes du Rhône

# Castello Blue

**Käseart** Weichkäse

**Milch** Rohmilch von der Kuh

**Fettgehalt** 70 % i. Tr.

**Herkunft** Dänemark

**Eigenschaften** Die kleinen flachen Käselaibe sind von feinen Edelschimmelpilzaden durchzogen und zum Teil mit einem feinen elfenbeinweißen bis weißgrauen Oberflächenschimmel überzogen. Im Geschmack ist der Käse sahnig mild und pikant mit feinem Pilzaroma. Es gibt den Käse auch als Castello Bianco. Die Käse werden halbiert (halbmondförmig) in entsprechenden Faltschachteln angeboten.

**Herstellung** Der Blauschimmel und die essbare weiße Schimmelschicht entstehen durch die Zugabe verschiedener mikroskopisch kleiner Schimmelpilze.

**In der Küche** Bereichert jede Käseplatte, schmeckt zu Brot, Nüssen und Obst, ist aber auch zum Verfeinern von Saucen und zum Überbacken geeignet.

**Getränketipp** Weißwein, z.B. Chardonnay, oder Rotwein wie Spätburgunder, Shiraz oder Lemberger

# Carré de l'Est

**Käseart** Weichkäse

**Milch** Pasteurisierte Kuhmilch

**Fettgehalt** 45 % i. Tr.

**Herkunft** Burgund (Original aus dem Elsass-Lothringen), Frankreich

**Eigenschaften** Der junge Käse ist leicht säuerlich im Geschmack, gereift schmeckt er erdig, milchig-aromatisch. Seine Oberfläche ist mit geschlossenem Schimmelrasen mit Rotschmiere überzogen.

**Geschichte** Die quadratische Form gab diesem Weichkäse seinen Namen „Carré".

**Herstellung** Der Weichkäse reift von innen nach außen. Die Edelpilzkulturen werden entweder direkt in die Milch gegeben oder auf die geformten Käse aufgesprüht. Während der Reifung bildet sich auf der Oberfläche der weiße Edelpilzrasen.

**In der Küche** Bereichert jede Käseplatte, schmeckt pur oder auf Brot und eignet sich zum Überbacken.

**Getränketipp** Fruchtige Rotweine aus dem Burgund

# Cebreiro

**Käseart** Schnittkäse

**Milch** Rohmilch von der Kuh

**Fettgehalt** 45 % i. Tr.

**Herkunft** Galizien, Spanien

**Eigenschaften** Der Cebreiro wird in bäuerlicher Produktion hergestellt, ist leicht mit blauen Adern durchzogen und schmeckt derb und würzig. Seine Form erinnert an einen Pilz oder eine Kochmütze. Die Rinde ist – falls vorhanden – dünn und fest, nicht geschimmelt und je nach Reifungsgrad weiß bis gelb.

**Herstellung** Der Käse kann bis zu 40 % Ziegenmilch enthalten.

**In der Küche** Der Käse passt zu frischem Stangenweißbrot. Er schmeckt gut zu frischem Obst.

**Getränketipp** Rotwein, z. B. Rioja oder Val di Luca Sangiovese

# Chabichou du Poitou

**Käseart** Weichkäse

**Milch** Rohmilch von der Ziege

**Fettgehalt** 45 % i. Tr.

**Herkunft** Haut-Poitou, Frankreich

**Eigenschaften** Die Rinde des zylinderförmigen Ziegenkäse weist weißen oder blauen Schimmel auf. Seine Konsistenz ist cremig-zart, sein Geschmack mild säuerlich. Ausgereift hat er einen ausgeprägten Geruch.

**Geschichte** Der Käse soll im 8. Jh. von den Sarazenen eingeführt worden sein. „Chabi", die Abkürzung von Chabichou, ist eine Verballhornung des arabischen Wortes für Ziege „Chebli".

**Herstellung** Der Käsebruch wird zum Abtropfen auf ein Tuch geschüttet, anschließend in Formen gefüllt. Der geformte und gesalzene Käse reift etwa 10 Tage im Trockenraum.

**In der Küche** Schmeckt in Salaten oder zu frischem knusprigem Weißbrot.

**Getränketipp** Loire-Weine, z. B. Sancerre, Pouilly-Fumé, Weine aus dem Haut-Poitou

# Chaource (AOC)

**Käseart** Weichkäse mit Weißschimmelrinde

**Milch** Rohmilch von der Kuh

**Fettgehalt** 50 % i. Tr.

**Herkunft** Champagne, Frankreich

**Eigenschaften** Chaource wird immer aus Rohmilch hergestellt und schmeckt zart, frisch und leicht säuerlich mit nussigem Aroma. Seine Rinde ist mit einem feinen Schimmelrasen bedeckt.

**Geschichte** Der Käse blickt auf eine lange Tradition zurück, schon im 14. Jh. wurde er in dem Dorf Chaource hergestellt.

**Herstellung** Den Bruch füllt der Käser in durchlöcherte Formen, damit die Molke langsam abfließt. Auf einem Strohbett erfolgt das Einsalzen und Trocknen, nach etwa 2 Wochen ist der Käse reif.

**In der Küche** Passt gut zu Obst, etwa Trauben, und bereichert grüne Blattsalate. Ideal zu kräftigem Roggenvollkornbrot.

**Getränketipp** Champagner, roter Burgunder, Chablis

# Cheddar

**Käseart** Halbfester Schnittkäse

**Milch** Rohe oder pasteurisierte Kuhmilch

**Fettgehalt** 48 % i. Tr.

**Herkunft** Somerset, England

**Eigenschaften** Cheddar gibt es von mild bis kräftig. Der zylindrisch geformte Käseteig ist hellgelb bis orange und von fester Konsistenz. Er schmeckt pikant und leicht nussig. Man unterscheidet zwischen dem weißen und dem roten Cheddar, dem bei der Fabrikation der natürliche Farbstoff Anatto beigegeben wird.

**Herstellung** Die Familie des Cheddar zeichnet sich durch eine besondere Bruchbehandlung aus. Man lässt den wie bei der normalen Käseherstellung zubereiteten Käsebruch absitzen und zu einem Bruchkuchen zusammenwachsen und säuern. Dann beginnt das so genannte Cheddaring, das Schneiden, Stapeln und Umschichten des Käsebruchs, der dann zum Schluss wiederum zu kleinen Stückchen geschnitzelt und gesalzen wird. Cheddar reift 9–24 Monate.

**In der Küche** Er eignet sich hervorragend zum Überbacken, passt gut zu Obst oder zu Kräckern.

**Getränketipp** Weißwein, z. B. Grauburgunder

# CHESHIRE

**Käseart** Halbfester Schnittkäse

**Milch** Pasteurisierte Kuhmilch

**Fettgehalt** 48 % i. Tr.

**Herkunft** Westchester, Großbritannien

**Eigenschaften** Der traditionell runde Käse ist bröckelig, schmeckt mild und leicht salzig. Der pikante Teig ist weiß, die Rinde gelbbraun.

**Geschichte** Bereits im Jahre 1086 urkundlich erwähnt dürfte er einer der frühesten, wenn nicht gar der älteste aller Käse Englands sein.

**Herstellung** Unter den Wiesen von Cheshire gibt es riesige Salzablagerungen. Dieses Salz prägt den Geschmack dieses krümeligen Käses. Der gepresste Käse wird in Tücher gewickelt und reift mindestens 3–6 Monate.

**In der Küche** Er schmeckt klein geschnitten zu Obst, z.B. Äpfeln und Birnen. Er passt auch zu Brot und verfeinert warme Gerichte, z.B. Omelettes.

**Getränketipp** Weißwein, z.B. Riesling, und kalifornische Rotweine wie Cabernet Sauvignon oder Zinfandel

# Chevrotin

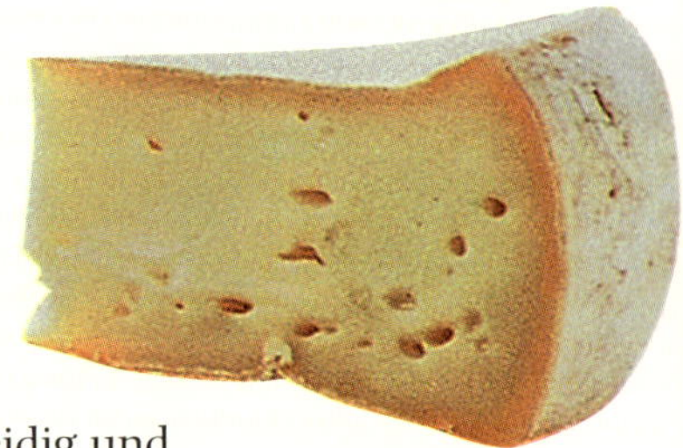

**Käseart** Halbfester Schnittkäse

**Milch** Rohe Ziegenmilch

**Fettgehalt** 45 % i. Tr.

**Herkunft** Savoyen (Region Rhônes-Alpes), Frankreich

**Eigenschaften** Sein Teig ist geschmeidig und weißgelb, die Rinde rötlichbraun. Sein kräftiger Geschmack erinnert an Wildkräuter.

**Geschichte** „Kleine Ziege"' heißt dieser Ziegenmilchbruder des Reblochon aus den Savoyer Alpen. Dort wird er schon seit dem 17. Jh. nach traditionellen Methoden aus roher Ziegenmilch hergestellt.

**Herstellung** Die Ziegen weiden auf den kräuterreichen Berghängen der Savoie und werden im Winter mit Heu gefüttert. Der Chevrotin wird in Handarbeit angefertigt, er reift 3 Wochen auf Fichtenholz, wird mehrmals gewendet und mit Salzlake abgewaschen.

**In der Küche** Er bereichert jede Käseplatte, schmeckt aber auch auf einem Weizenbrötchen oder zu frischem Baguette.

**Getränketipp** Weiß- und Rotweine aus dem Savoyen

# Citeaux

**Käseart** Weichkäse

**Milch** Rohmilch von der Kuh

**Fettgehalt** 50 % i. Tr.

**Herkunft** Burgund, Frankreich

**Eigenschaften** Der Citeaux ist eine Rarität aus dem gleichnamigen Kloster in Burgund und schmeckt sahnig, nussig und mild.

**Herstellung** Der Käse aus nicht abgekochter Milch reift in wenigen Wochen hinter dicken Türen temperiert heran, das Rezept wird streng von den Mönchen gehütet.

**In der Küche** Als Bestandteil einer Käseplatte oder in Stückchen über den Salat gestreut.

**Getränketipp** Rotweine aus dem Burgund

# Clacbitou

**Käseart** Weichkäse mit Schimmelflora

**Milch** Rohe Ziegenmilch

**Fettgehalt** 45 % i. Tr.

**Herkunft** Burgund, Frankreich

**Eigenschaften** Der zylinderförmige junge Clacbitou schmeckt cremig-mild und nussig. Der gereifte schmeckt leicht nach Gras und sehr viel würziger.

**Herstellung** Von April bis November wird der Käse auf den Hochebenen Burgunds bäuerlich hergestellt. Er reift 5 Wochen.

**In der Küche** Als Bestandteil einer Käseplatte oder in Stücke geschnitten über den Salat gestreut.

**Getränketipp** Zu jungem Käse trockene leichte Weißweine, etwa Sauvignon oder fruchtige Silvaner, zu gereiftem Käse kräftige Rotweine, etwa von den Côtes du Rhône oder aus dem Languedoc-Roussillon

# Clochette

**Käseart** Weichkäse

**Milch** Rohe Ziegenmilch

**Fettgehalt** 45 % i. Tr.

**Herkunft** Bordeaux, Frankreich

**Eigenschaften** Der Clochette ist ein cremiger vollmundiger Weichkäse.

**Geschichte** Es waren wohl die Römer und Griechen, die auf ihren Handelswegen den Ziegenkäse in die südlichen Regionen Frankreichs einführten. Seine Form gab dem Käse übrigens seinen Namen. „Clochette" bedeutet „Glocke". Da in der Vergangenheit fast jedes Dorf seinen eigenen Käse produzierte, hatte man schon früh den Ehrgeiz entwickelt, die eigenen Käse von denen der Nachbarn durch die Form zu unterscheiden.

**Herstellung** Bei der Herstellung wird frische Ziegenmilch mit Lab und Milchsäurebakterien dickgelegt.

**In der Küche** Als Bestandteil einer Käseplatte oder über den Salat gestreut. Sommergemüse, etwa Tomaten, Auberginen und Zucchini, schmecken mit einer Ziegenkäsekruste überbacken.

**Getränketipp** Zu jungem Käse trockene leichte Weißweine, etwa Sauvignon, Sancerre oder fruchtige Silvaner, zu gereiftem Käse kräftige Rotweine, etwa von den Côtes du Rhône

# CŒUR CENDRE

**Käseart** Weichkäse

**Milch** Rohe Ziegenmilch

**Fettgehalt** 45 % i. Tr.

**Herkunft** Aquitanien, Frankreich

**Eigenschaften** Der Ziegenmilchkäse aus der südwestfranzösischen Region Aquitanien schmeckt mild und süßlich. Sein Name „Cœur" weist auf seine Herzform hin.

**Herstellung** Die Produktion und Reifung der Käse verlaufen nach vorgegebenen Bedingungen. Bei der Herstellung wird frische Ziegenmilch mit Lab und Milchsäurebakterien dickgelegt.

**In der Küche** Als Bestandteil einer Käseplatte oder zum Salat.

**Getränketipp** Zu jungem Käse trockene leichte Weißweine, etwa Sauvignon oder fruchtige Silvaner, zu gereiftem Käse kräftige Rotweine, etwa von den Côtes du Ventoux oder aus dem Languedoc-Roussillon

# Comté (AOC)

**Käseart** Schnittkäse

**Milch** Rohmilch von der Kuh

**Fettgehalt** 45 % i. Tr.

**Herkunft** Franche-Comté, Frankreich

**Eigenschaften** Der großlaibige Bergkäse schmeckt nussig mit süßem Nachgeschmack. Sein Teig ist cremig, buttrig und kompakt.

**Geschichte** Die Landbevölkerung stellt diesen Käse seit über 1000 Jahren her.

**Herstellung** Auch heute noch wird er von Hand aus Rohmilch hergestellt und mindestens 3 Monate gereift. Die Milch stammt ausschließlich von Kühen der Rasse Montbéliard und Pie-Rouge, die auf den saftigen Bergweiden grasen. Der zu Laiben geformte Käse wird gesalzen, abgerieben und regelmäßig gewendet.

**In der Küche** Zum Aperitif oder Dessert; passt besonders gut zu Meeresfrüchten und Fisch. Siehe Rezept S. 263.

**Getränketipp** Leichte Rotweine, trockene Weißweine und Champagner

# Coulommiers

**Käseart** Weichkäse mit Weißschimmelflora

**Milch** Pasteurisierte oder rohe Kuhmilch

**Fettgehalt** 45 % i. Tr.

**Herkunft** Ile de France (Paris), Champagne, Ardennen, Frankreich

**Eigenschaften** Der Coulommiers gehört zur Familie der Brie-Käse. Sein Geschmack ist in jungem Alter recht mild und sahnig und wird mit zunehmender Reife pikanter. Der anfangs weiße Schimmel verfärbt sich rötlichbraun.

**Herstellung** Reift großteils in Fabriken, am besten schmeckt er nach 5 Wochen Reifezeit. Weil es kein verbindliches Gesetz gibt, das die Herstellung regelt, erhielt der Coulommiers nicht den Status einer geschützten Herkunftsbezeichnung.

**In der Küche** Guter Dessertkäse zu Weintrauben, ideal zu frischem Baguette.

**Getränketipp** Bourgogne, Bordeaux, Côtes du Rhône

# Crottin de Chavignol (AOC)

**Käseart** Weichkäse

**Milch** Ziegenmilch, roh oder pasteurisiert

**Fettgehalt** 45 % i. Tr.

**Herkunft** Loire-Tal, Frankreich

**Eigenschaften** Der kugelförmige Crottin de Chavignol hat ein dezentes, aber charakteristisches Ziegenaroma, er schmeckt nussig, leicht säuerlich. Sein Teig ist weiß, seine Ränder leicht gewölbt.

**Geschichte** Wahrscheinlich wurde der kleine zylindrische Ziegenkäse in der Gegend um Chavignol schon seit dem 16. Jh. hergestellt, doch erst im Jahr 1829 wird sein Name zum ersten Mal schriftlich erwähnt. Das Wort „Crottin" bezeichnete übrigens früher ein kleines Öllämpchen aus gebranntem Ton, das die gleiche Form hatte.

**Herstellung** Der Käsebruch wird in Formen mit kleinen Löchern, den so genannten Faiselles gegeben. Dann wird er gesalzen und unter häufigem Wenden getrocknet. Nach 10 Tagen ist er reif.

**In der Küche** Gebacken auf Salat, in Weißwein oder Öl eingelegt oder gegrillt.

**Getränketipp** Sancerre oder Pouilly-Fumé

# Crutin al Tartufo Piemontese

**Käseart** Weichkäse

**Milch** Pasteurisierte Milch von Schaf und Ziege, mit schwarzen Trüffeln

**Fettgehalt** 40 % i. Tr.

**Herkunft** Piemont, Italien

**Eigenschaften** Der Crutin al Tartufo (heißt im Dialekt „kleiner Keller") schmeckt ausgeprägt nach Trüffeln.

**Herstellung** Der Käse wird nach alter Tradition hergestellt. Verfeinert wird er in Kellern des Casotto-Tals.

**In der Küche** Ideal zu Pasta und Risotto.

**Getränketipp** Rotwein, z. B. Bardolino oder Nebbiolo

# Danablu

**Käseart** Weichkäse mit Innenschimmel

**Milch** Pasteurisierte Kuhmilch

**Fettgehalt** 50 % und 60 % i. Tr.

**Herkunft** Jütland, Dänemark

**Eigenschaften** Ein ausgesprochen kräftiger, pikanter Blauschimmelkäse. Sein Teig ist weißgelb mit kleinen Löchern und schmilzt butterartig auf der Zunge. Die rindenlosen Laibe haben mitunter eine leicht schmierige Oberfläche.

**Geschichte** Da ein einheimischer Edelpilzkäse fehlte, begannen dänische Käser im frühen 19. Jh. Experimente mit Schimmelkulturen und brachten eine Auswahl exzellenter Schimmelkäse hervor, von denen Danablu der berühmteste ist.

**Herstellung** Nach 4–6 Tagen Reifung werden die Käse mit Nadeln durchstochen. In den Luftkanälen wächst dann der Edelschimmel, der nach 8–10 Tagen sichtbar ist. Die anschließende Reifung dauert ca. 1–2 Monate.

**In der Küche** Bereichert jede Käseplatte und harmoniert hervorragend mit Obst. Auch für warme Gerichte geeignet.

**Getränketipp** Weißwein, z.B. Sauternes

# Danbo

**Käseart** Weichkäse

**Milch** Pasteurisierte Kuhmilch

**Fettgehalt** , 20 % und 50 % i. Tr.

**Herkunft** Jütland, Dänemark

**Eigenschaften** Ein fester und geschmeidiger Käse mit wenigen erbsengroßen Löchern. Die gelbe Naturrinde der viereckigen Käselaibe ist mit einem wachsähnlichen Paraffin überzogen. Seine Farbe ist weißlich bis gelb, mit weißgelber oder roter Schutzrinde, und geschmacklich fein säuerlich, sahnig-mild bis herzhaft-pikant. Danbo gibt es auch mit Kümmel.

**Geschichte** Der Danbo ist auch als dänischer Steppenkäse bekannt.

**Herstellung** Auf traditionelle Art geformt und gesalzen. Der junge Käse schmeckt mild, der gereifte pikant-würzig.

**In der Küche** Bereichert jede Käseplatte, schmeckt auf Brot, aber auch in warmen Gerichten.

**Getränketipp** Vollmundige weiche Rotweine, z. B. Spätburgunder bzw. Pinot Noir, oder Weißweine, etwa Weiß- und Grauburgunder

# Double Gloucester

**Käseart** Halbfester Schnittkäse

**Milch** Pasteurisierte Kuhmilch

**Fettgehalt** 48 % i. Tr.

**Herkunft** Ursprünglich Gloucestershire, heute Südwestengland

**Eigenschaften** Der Double Gloucester ist ein reiner, milder und nussiger Dessertkäse. Sein Aroma ist leicht säuerlich, sein Teig weich-cremig. Er schmeckt etwas nach Möhren. Der Single Cloucester schmeckt wesentlich milder.

**Geschichte** Seit dem 13. Jh. wird dieser Käse nach alter Käserei-Tradition hergestellt.

**Herstellung** Die Milch stammt aus zwei aufeinander folgenden Melkprozessen. Nach dem Zerschneiden und Pressen reifen die Laibe 4 – 8 Monate. Im Gegensatz zu Farmhouse-Gloucester finden sich bei den Produkten größerer Molkereien zusätzliche aromatische Zutaten wie Kräuter, Zwiebeln oder Gewürze.

**In der Küche** Ein idealer Dessertkäse. Er schmeckt zu Nüssen, Mandeln oder rotem Obst. Die Briten lassen den Käse in Bier schmelzen, würzen ihn mit Senfpulver, binden das Ganze mit Eigelb ab und servieren die Creme dann auf Toast.

**Getränketipp** Leichte Rosé-Weine, Rotweine der Sorte Zinfandel oder Cabernet Sauvignon, oder Apfelwein

# EDAMER

**Käseart** Halbfester Schnittkäse

**Milch** Pasteurisierte Kuhmilch

**Fettgehalt** 40 % i. Tr.

**Herkunft** ursprünglich aus Edam bei Amsterdam, heute ganz Niederlande

**Eigenschaften** Edamer, meist in runden Laiben und mit roter Wachsrinde angeboten, schmeckt ausgesprochen mild. Er hat einen feinen Salzgeschmack. Sein Teig ist goldgelb, weich und hat kleine Löcher.

**Geschichte** Der Käse im roten Kleid verdankt seinen Namen dem holländischen Hafenstädtchen Edam am Ijsselmeer. Fast der gesamte Käseexport wurde über Edam verschifft. Ende des 16. Jh. erhielt Edam das Recht auf einen Käsemarkt.

**Herstellung** Nach dem Formen, Pressen und Salzen reift der Käse mindestens 1 Monat. Die rote Wachsschicht bewahrt den Käse vor dem Austrocknen.

**In der Küche** Ein traditioneller Frühstückskäse, der auf Toast oder Brötchen schmeckt, mit Tomaten, Radieschen, Gurken schmeckt er auf Roggen- oder Schwarzbrot. Ebenso köstlich im Wurstsalat.

**Getränketipp** Frische duftige Weißweine, z. B. Chardonnay, oder Rotwein wie Spätburgunder oder Beaujolais

# EMMENTALER

**Käseart** Fester Schnittkäse

**Milch** Rohmilch von der Kuh

**Fettgehalt** 45 % i. Tr.

**Herkunft** Emmental, Schweiz

**Eigenschaften** Der berühmte Emmentaler hat große Löcher, einen charakteristisch-nussigen, etwas süßlichen Geschmack. Der geschmeidige Teig ist hellgelb, die Rinde fest, trocken und gelbbraun.

**Geschichte** Erstmals 1542 wurde der Emmentaler erwähnt. Er sollte die Opfer einer Brandkatastrophe entschädigen. Jeder echte Emmentaler Switzerland trägt auf einer Laibseite die Käsereimarke mit dem Markenzeichen.

**Herstellung** Die Rohmilch der Kühe, die mit Heu und Gras gefüttert werden, wird nach dem Erhitzen mit Lab versetzt. Der Bruch wird geformt, gepresst und gesalzen. Er reift ca. 120 Tage.

**In der Küche** Ideal zum Überbacken, da er gut schmilzt. Aber auch zu Brot oder auf der Käseplatte passt er. Siehe Rezept S. 253.

**Getränketipp** Rotwein, z. B. Spätburgunder, Merlot oder Barolo

# Epoisses de Bourgogne (AOC)

**Käseart** Weichkäse

**Milch** Kuhmilch, roh (AOC) oder pasteurisiert

**Fettgehalt** 45 % i. Tr.

**Herkunft** Burgund, Frankreich

**Eigenschaften** Der kleine runde Epoisses wird durch das Affinieren mit Marc de Bourgogne cremig und kräftig. Er hat einen leicht alkoholischen Geschmack und zergeht auf der Zunge.

**Geschichte** Der Legende nach wurde der Epoisses zu Beginn des 16. Jh. von den Zisterzienser-Mönchen erfunden. Wahrscheinlich waren es aber die Bäuerinnnen, die das altbekannte Herstellungsverfahren verbesserten.

**Herstellung** Der Epoisses gehört zu den laktischen Käsen, bei denen die Milch fast ohne Lab zum Gerinnen gebracht wird. Die Milch wird in temperierten Räumen ca. 36 Stunden gereift, bis sie von allein dick wird. Während der Reifung wird der Käse regelmäßig mit einer Mischung aus Salzwasser und hochprozentigem Schnaps Marc de Bourgogne gewaschen.

**In der Küche** Schmeckt pur, zu Baguette oder Rosinenbrot.

**Getränketipp** Weine aus dem Burgund sowie Süßweine, z.B. Sauternes, Marc de Bourgogne

# Esrom

**Käseart** Halbfester Schnittkäse

**Milch** Pasteurisierte Kuhmilch

**Fettgehalt** 45 % i. Tr.

**Herkunft** Ursprünglich Esrom, Jütland, Dänemark

**Eigenschaften** Esrom schmeckt leicht säuerlich, sehr pikant und riecht intensiv. Der Teig ist gelblich, sehr weich mit kleinen Löchern. Die dünne Rinde ist strohgelb. Esrom gibt es mit Kräutern, Kümmel oder Pfeffer gewürzt.

**Geschichte** Der Name Esrom geht auf das gleichnamige Kloster der dänischen Insel Seeland zurück. Noch heute wird er dort nach einem überlieferten Rezept dieses Klosters hergestellt. Er wird auch dänischer Trappistenkäse genannt.

**Herstellung** Der geformte und leicht gepresste Bruch reift nach dem Salzen mindestens 4 Wochen.

**In der Küche** Ein idealer Brotbelag, Esrom bereichert aber auch jede Käseplatte.

**Getränketipp** Fruchtiger Weißwein, z. B. Riesling, Orvieto, Weißburgunder, oder Rotwein wie Beaujolais

# Explorateur

**Käseart** Frischkäse

**Milch** Pasteurisierte Kuhmilch

**Fettgehalt** 75 % i. Tr.

**Herkunft** Beauxe (Südosten von Paris), Frankreich

**Eigenschaften** Schmeckt sahnig, cremig und mild sauer. Gereift hat er eine weiße Schimmelrinde und schmeckt kräftiger.

**Herstellung** Durch Milchsäuregerinnung gewonnener wenig gereifter Käse mit leicht säuerlichem Geschmack. Der Käse muss nicht reifen und ist sofort verzehrfertig.

**In der Küche** Der ideale Abschluss nach leichten Gerichten, ideal zu frischem Obst, etwa Erdbeeren oder Mango, und zu Gemüse wie Tomaten oder Radieschen.

**Getränketipp** fruchtige Silvaner, Sauvignon blanc, Champagner, trockene leichte Weiß- oder Roséweine

**Käseart** Weichkäse

**Milch** Pasteurisierte Schafs- und Ziegenmilch

**Fettgehalt** 45 % i. Tr.

**Herkunft** Seit 2002 ist Feta aus Griechenland ein herkunftsgeschützter Käse.

**Eigenschaften** Feta bedeutet „Scheibe". Der feste Käse ist rindenlos, seine Farbe weiß, sein Aroma leicht säuerlich und salzig.

**Geschichte** Schon in der Antike wurde in Griechenland Feta hergestellt, bis weit in die Neuzeit hinein gossen Bauern und Hirten auf dem Peloponnes die Milch in Behälter, in denen am Vortag Feta zubereitet wurde. Auf diese Weise war noch genug „Restlab" zur Dicklegung der Milch vorhanden.

**Herstellung** Der geschützte Feta wird meist aus Schafsmilch hergestellt, manchmal wird Ziegenmilch zugegeben. Der Käsebruch kommt in perforierte Holz- oder Blechformen, wird 1 Tag gepresst, dann in Scheiben geschnitten und in Salzlake eingelegt. So kommt er in den Verkauf.

**In der Küche** Er bereichert jeden Bauernsalat, ideale Füllung für Gemüse und Omelettes. Siehe Rezept S. 251.

**Getränketipp** Trockener Weißwein, z. B. Roditis oder Retsina

# Filetta

**Käseart** Weichkäse

**Milch** Rohmilch von Ziege oder Schaf

**Fettgehalt** 45% i. Tr.

**Herkunft** Korsika, Frankreich

**Eigenschaften** Sowohl als Ziegen- wie auch als Schafskäse hat der Filetta ein kräftiges Aroma und schmeckt sehr intensiv.

**Herstellung** Die Käseformen werden auf eine Schicht von „filetta" (Farnblättern) gelegt. Die kontinuierliche Feuchtigkeitsabgabe dieser Pflanzen garantiert das feuchte, kühle Klima, das der Käse für die Reifung braucht.

**In der Küche** Zu Baguettebrot, Oliven, Tomaten oder Trauben oder einem frischem Salat. Als Bestandteil einer Käseplatte.

**Getränketipp** Kräftig-würzige Rotweine

# Fiore Sardo (DOC)

**Käseart** Schnittkäse

**Milch** Rohmilch vom Schaf

**Fettgehalt** 40 % i. Tr.

**Herkunft** Sardinien, Italien

**Eigenschaften** Der Fiore Sardo ist ein kräftiger und würziger Schnittkäse. Seine Rinde ist dunkelgelb bis nussfarben, sein kompakter Teig strohgelb oder weiß (je nach Reife). Ein guter Tafelkäse, der reifere eignet sich auch als Streukäse.

**Geschichte** Schon seit dem 1. Jt. v. Chr. wurde auf Sardinien Käse aus Schafsmilch hergestellt.

**Herstellung** Die typische „Maultierrükkenform" erreicht man durch das Umstülpen von einer in die andere Form. Der Käse reift einige Monate in sardischen Kellern, hier wird er regelmäßig gewendet und mit Olivenöl eingerieben, um Austrocknen und Schimmelbildung zu vermeiden.

**In der Küche** Jung wird er als Tafelkäse, ab einer Reife von 6 Monaten als Reibekäse verwendet, z. B. zum Überbacken.

**Getränketipp** Sardinische Weißweine bzw. junge Sauvignons, oder Rotweine wie Chianti, Barolo oder Barbaresco

# Fontal

**Käseart** Schnittkäse

**Milch** Pasteurisierte Kuhmilch

**Fettgehalt** 45 % i. Tr.

**Herkunft** Norditalien

**Eigenschaften** Der Fontal ist ein Käse nach Art des Fontina aus pasteurisierter Milch. Er schmeckt angenehm mild.

**Herstellung** Der Käse wird wie der Fontina hergestellt. Fontal wird unter Schutzatmosphäre verpackt und frisch gehalten.

**In der Küche** Der Fontal ist ein guter Tafelkäse und schmeckt zu Trauben und frischem Weißbrot.

**Getränketipp** Rotwein, z.B. Valpolicella oder Barbaresco

# FONTINA (DOC)

**Käseart** Schnittkäse

**Milch** Rohmilch von der Kuh

**Fettgehalt** 45 % i. Tr.

**Herkunft** Aostatal, Italien

**Eigenschaften** Er schmeckt würzig, angenehm süßlich. Der Teig ist gelb, die Rinde haselnussfarben. Er zergeht auf der Zunge.

**Geschichte** Er ist seit 1717 unter dem Namen „fontine" schriftlich nachgewiesen, hat aber eine noch sehr viel weiter zurückreichende Tradition. In einigen Schlössern des Tals sind Fresken erhalten, auf denen mittelalterliche Verkaufsstände für Käse in eindeutiger Fontina-Form zu sehen sind.

**Herstellung** Echter Fontina wird nach einem tradierten Rezept aus der vollen Rohmilch von Kühen gekäst. Die Reifung findet in Grotten bei Temperaturen von 5 – 10 °C und bei einer Luftfeuchtigkeit von mindestens 90 % statt, so dass die auf Kiefernholzregalen gestapelten Laibe in durchschnittlich 3 Monaten natürlich reifen.

**In der Küche** Auf Brot, zu Trauben, zur Verfeinerung von Suppen oder Saucen oder fürs Fondue. Auch zum Überbacken. „Fonduta" ist übrigens die piemontesische Form des Schweizer Käsefondues.

**Getränketipp** Rotwein, z. B. Valpolicella, Montepulciano

# Formaggio di Fossa

**Käseart** Schnittkäse

**Milch** Pasteurisierte Schafsmilch

**Fettgehalt** 45 % i. Tr.

**Herkunft** Emilia Romagna, Italien

**Eigenschaften** Der Formaggio di Fossa hat einen äußerst intensiven Geruch, ist mürbe und sehr schmackhaft. Sein aromareicher Duft erinnert an Humus im Unterholz.

**Geschichte** Der Fossa-Käse ist seit dem 15. Jh. bekannt. Die Einheimischen lagerten ihn in 3–5 Meter tiefen Tuffsteinhöhlen, um den schmackhaften Käse vor Raubzügen zu schützen. Sein Name „Fossa" bedeutet Grube.

**Herstellung** Die Käselaibe reifen 2–3 Monate an der Luft, dann werden im August jeweils 20–25 Käse in einen Sack gefüllt und auf Stroh gebettet in den Höhlen eingeschlossen, bei einer Temperatur von ca. 20 °C und einer Luftfeuchtigkeit von 80–90 %. Traditionsgemäß werden die Höhlen am 25. November geöffnet.

**In der Küche** Ein echtes Allroundtalent: Eine ideale Füllung für Pasta, zum Gratinieren von Gemüsegerichten, ein guter Begleiter zu Birnen und Obstkompott. Siehe Rezept S. 266.

**Getränketipp** Vollmundige Rotweine, z. B. Valpolicella, Bardolino

# FOUGERU

**Käseart** Weichkäse mit weißem Edelpilz

**Milch** Rohmilch von der Kuh

**Fettgehalt** 45 % i. Tr.

**Herkunft** Ile de France (Paris), Frankreich

**Eigenschaften** Der Fougeru gehört zur Familie der Brie-Käse. Er schmeckt frisch und leicht salzig.

**Geschichte** Ursprünglich wurde er auf einem Bauernhof in der Ile-de-France nur für den Eigenbedarf hergestellt, doch da er sich großer Beliebtheit erfreute, wird er seit Beginn des 20. Jh. auch in größeren Mengen produziert. Das typische Farnblatt dient nicht nur zur Dekoration, sondern verleiht dem Käse auch eine gewisse Würze.

**Herstellung** Er benötigt 4 Wochen Reifezeit.

**In der Küche** Ideal zum frischen Baguette, auch zum Verfeinern von Suppen und Saucen oder zum Überbacken.

**Getränketipp** Rotweine aus Burgund, Bordeaux oder von den Côtes du Rhône

# Fourme d'Ambert (AOC)

**Käseart** Weichkäse mit Schimmelflora

**Milch** Kuhmilch, pasteurisiert oder roh

**Fettgehalt** 50 % i. Tr.

**Herkunft** Auvergne, Frankreich

**Eigenschaften** Der Fourme d'Ambert ist recht stark mit Edelpilzadern durchzogen und hat eine gelblich-graue Rinde. Sein Aroma ist sehr mild mit leichten Nuss- und Pilzaromen.

**Geschichte** Sein Name leitet sich vom lateinischen „forma" (Form) ab. Der Käse wurde wahrscheinlich schon vor der Eroberung durch Julius Cäsar in der Auvergne produziert, früher in so genannten „Jasseries", Betrieben, die sowohl Molkerei als auch Bauernhof waren.

**Herstellung** Der Käsebruch wird in Formen gefüllt, mit Blauschimmelkultur geimpft und gesalzen. Bis der Edelpilz sich im Innern entwickelt hat, dauert es etwa 1 Monat.

**In der Küche** In Salaten, Soufflés oder gefüllten Crêpes, zu Baguette, Rosinenbrot oder Kräckern.

**Getränketipp** Trockene Rotweine von den Côtes du Rhône oder Elsässer Riesling mit Edelfäuleton

# Gaperon

**Käseart** Weichkäse mit weißem Edelpilz

**Milch** Kuhmilch, pasteurisiert oder roh

**Fettgehalt** 30 % i. Tr.

**Herkunft** Auvergne, Frankreich

**Eigenschaften** Unter seiner harten trockenen Rinde verbirgt der Gaperon einen elastischen, mit Knoblauch und Pfeffer gewürzten Teig von pikant-kräftigem Geschmack.

**Geschichte** Vermutlich geht der Name Gaperon auf das Wort „gap" oder „gape" zurück – im einheimischen Dialekt die Bezeichnung für Buttermilch. Früher setzte man der nach dem Buttern übrig gebliebenen Buttermilch oder geschlagenen Milch Frischmilch zu.

**Herstellung** An einem Haken zum Trocknen über dem Feuer aufgehängt, bekommt dieser fettarme Käse einen rauchigen Beigeschmack. Nach 3 Wochen ist er reif.

**In der Küche** Stangenweißbrot lässt die Pfeffer- und Knoblaucharomen am besten zur Geltung kommen. Siehe Rezept S. 273.

**Getränketipp** Kräftige Rotweine wie Corbières, Médoc, Rotweine aus der Auvergne und der Provence

# Geheimratskäse

**Käseart** Halbfester Schnittkäse

**Milch** Pasteurisierte Kuhmilch

**Fettgehalt** 45 % i. Tr.

**Herkunft** Deutschland

**Eigenschaften** Der mild-rahmige, leicht säuerlich schmeckende Geheimratskäse hat unter seiner roten Wachshülle einen hell- bis goldgelben Teig. Sein Aroma gehört zu den mildesten, das wir kennen. Er ist auch unter den Namen Deichgrafen- oder Deichhauptmannskäse bekannt.

**Herstellung** Der kleine Bruder des Edamer reift etwa 5 Wochen.

**In der Küche** Schmeckt auf kräftigem Roggenbrot oder Schwarzbrot und eignet sich hervorragend zum Überbacken oder zur Verfeinerung von Salaten. Siehe Rezept S. 259.

**Getränketipp** Rotwein, z. B. Dornfelder, Lemberger, Trollinger

# Gjetost

**Käseart** Halbfester Schnittkäse

**Milch** Pasteurisierte Ziegen- und Kuhmilch

**Fettgehalt** 45 % i. Tr.

**Herkunft** Norwegen

**Eigenschaften** Ein süßlich schmeckender Käse aus Ziegen- und Kuhmilch. In Deutschland wegen seiner braunen Farbe und seines süßen Geschmacks oft Karamellkäse genannt.

**Geschichte** Der typisch norwegische Käse zum Frühstück, Abendbrot und auf Brot zum Mitnehmen für unterwegs. Gern wird er zusätzlich mit Marmelade bestrichen. Butterbrote in die Schule mitzunehmen, ist typisch norwegisch.

**Herstellung** Traditionelle Herstellung. Die Molke wird dabei so lange erhitzt, bis der Milchzucker karamellisiert.

**In der Küche** In Norwegen isst man den Molkenkäse zu Weißbrot. Er schmeckt auch auf Knäckebrot.

**Getränketipp** Weißweine wie Sauvignon, Riesling

# Gorgonzola Dolce (DOC)

**Käseart** Halbfester Schnittkäse mit Blauschimmel

**Milch** Pasteurisierte Kuhmilch

**Fettgehalt** 48 % i. Tr.

**Herkunft** Lombardei, Piemont, Italien

**Eigenschaften** Er verdankt seinen pikant-würzigen Geschmack der Schimmelkultur *Penicillium gorgonzola*. Das Innere ist weiß bis leicht strohgelb, der Edelschimmel bildet Flecken oder grünliche Streifen.

**Geschichte** Seit dem 10. Jh. wird Gorgonzola hergestellt. Viele Legenden kreisen um ihn. Eine besagt, dass ein zerstreuter Hirte den Käsebruch aus der wenigen Milch, den seine Kühe gaben, in einen Behälter gab und ihn einfach vergaß. Monate später fand er einen „grünen" Käse, der überaus schmackhaft war.

**Herstellung** Damit Luft ins Innere dringen kann, wird der Käse nach einer Reifezeit von 3–4 Wochen mit Kupfer- oder Stahlnadeln durchbohrt. Der Junge Gorgonzola reift 60 Tage.

**In der Küche** Bereichert jede Käseplatte, schmeckt gut mit Birnen. Mit Walnüssen passt er zum Salat, verfeinert auch Saucen und salzige Dips. Siehe Rezept S. 280.

**Getränketipp** Weiche würzige Weißweine, z.B. Verdicchio del Castelli, Pinot Grigio, oder Rotwein, z.B. Marzemino

# Gorgonzola Piccante (DOC)

**Käseart** Halbfester Schnittkäse mit Blauschimmel

**Milch** Pasteurisierte Kuhmilch

**Fettgehalt** 48 % i. Tr.

**Herkunft** Lombardei, Piemont, Italien

**Eigenschaften** Der Piccante wird mit anderen reifungsaktiveren Schimmelstämmen behandelt als der Dolce. Der Geschmack des Piccante ist darum etwas schärfer.

**Geschichte** Der Gorgonzola wird seit dem 10. Jh. hergestellt, früher hieß er „Stracchino di Gorgonzola" (der Müde von Gorgonzola) oder „Stracchino verde" (der grüne Müde), da er ursprünglich im Herbst und im Winter gekäst wurde, wenn die Kühe müde (ital. stracche) vom Almabtrieb waren.

**Herstellung** Damit Luft ins Innere dringen kann, wird der Käse nach einer Reifezeit von 3–4 Wochen mit Kupfer- oder Stahlnadeln durchbohrt. Der junge Gorgonzola trägt den Beinamen „dolce", der gereifte den Beinamen „piccante". Der Piccante reift 90–100 Tage.

**In der Küche** Wie der Gorgonzola Dolce. In Kombination mit Spinat ergibt er eine köstliche Pfannkuchenfüllung.

**Getränketipp** Vollmundiger Rotwein, z.B. Chianti, Barolo oder Valpolicella, oder edelsüße Weißweine

# Gouda – jung

**Käseart** Halbfester Schnittkäse

**Milch** Pasteurisierte Kuhmilch

**Fettgehalt** 48 % i. Tr.

**Herkunft** Gouda, Niederlande

**Eigenschaften** Der junge Gouda schmeckt sahnig mild und trotzdem angenehm herzhaft. Der Teig ist hellgelb und weich-geschmeidig.

**Geschichte** Die wichtigste holländische Käsesorte stammt aus der gleichnamigen Stadt Gouda. Er ist traditionell flach und rund wie ein Wagenrad, hat gewölbte Seiten und wiegt circa 12 Kilo. In Gouda zeugt noch ein altes Gebäude am Marktplatz mit einer Käsewaage aus dem 17. Jh. von der bedeutenden Käsekultur in den Niederlanden. Es ist der Stolz der Stadt, die mit der Produktion von Käse zu Reichtum gelangte.

**Herstellung** Der junge Gouda reift 4 – 6 Wochen. Gern werden dem Käse Kreuzkümmel, Pfefferkörner oder Kräuter zugesetzt. Mit Rohmilch zubereiteter Käse schmeckt besonders würzig.

**In der Küche** Ein Alleskönner in der kalten und warmen Küche. Siehe Rezept S. 255.

**Getränketipp** Weißwein, z.B. fruchtiger Riesling, Weißburgunder, Pinot grigio, oder milder Rotwein, etwa Spätburgunder

# Gouda – mittelalt

**Käseart** Halbfester Schnittkäse

**Milch** Kuhmilch, pasteurisiert oder roh

**Fettgehalt** 48 % i. Tr.

**Herkunft** Gouda, Niederlande

**Eigenschaften** Ein mittelalter Gouda schmeckt herzhaft pikant und weniger mild als der junge Gouda. Seine Farbe ist dunkelgelb.

**Herstellung** Der mittelalter Guda, auch unter dem Namen „Pikantje van Antje" bekannt, reift 4 Monate (Pikantje) bzw. bis 6 Monate. Mit Rohmilch zubereiteter Käse schmeckt besonders würzig.

**In der Küche** Ein Alleskönner: Er schmeckt auf Brot, als Häppchen zu Bier und Wein, gewürfelt in Salaten, er verfeinert Suppen und Saucen und ist zum Überbacken von Aufläufen und Pizzas geeignet.

**Getränketipp** Weißwein, z.B. fruchtiger Riesling, Weißburgunder, Pinot grigio, oder milder Rotwein, etwa Spätburgunder

# GOUDA – ALT

**Käseart** Schnittkäse

**Milch** Kuhmilch, pasteurisiert oder roh

**Fettgehalt** 48 % i. Tr.

**Herkunft** Gouda, Niederlande

**Eigenschaften** Ein richtig ausgereifter Gouda schmeckt ausgeprägt kräftig und würzig. Alter Gouda ist meist recht bröckelig und der Teig orangegelb.

**Geschichte** Von 1668 bis weit ins 20. Jh. hinein wurden auf der Waage, die auf dem Marktplatz in der Stadt Gouda stand, die schweren Käselaibe ausgewogen.

**Herstellung** Der alte Gouda reift mindestens 8 Monate. Mit Rohmilch zubereiteter Käse schmeckt besonders würzig.

**In der Küche** Ideal zum Überbacken oder zum Verfeinern von Saucen.

**Getränketipp** Weißwein, z. B. fruchtiger Riesling, Weißburgunder, Pinot grigio, oder Rotwein, etwa Spätburgunder

# Grana Padano (DOC)

**Käseart** Schnittkäse

**Milch** Pasteurisierte oder rohe Kuhmilch

**Fettgehalt** 32 % i. Tr.

**Herkunft** Venetien, Trentino, Piemont, Lombardei, Emilia-Romagna, Italien

**Eigenschaften** Der Grana Padano, oft auch Parmesan genannt, ist ein vollaromatischer, würziger und dennoch nicht scharfer Reibekäse. Sein Teig ist weiß bis strohgelb und leicht körnig.

**Geschichte** Die Zisterzenser-Mönche der Abtei Chiaravalle erfanden das Rezept eigentlich als Hilfsmittel, um überschüssige Milch haltbar zu machen. Quellen aus dem 12. Jh. belegen die Gründung erster Käsereien, in denen ein Hartkäse von körniger Konsistenz entstand, dem der Name „grana" zugedacht wurde.

**Herstellung** Die teilentrahmte Milch für den Käse stammt von zwei Melkvorgängen eines Tages, sie gerinnt durch die Zugabe von Gärungssäure. Die Reifung erfolgt in Räumen mit einer Temperatur zwischen 15 und 22 °C und dauert 1 – 2 Jahre.

**In der Küche** Jung ist er als Tafelkäse, vollreif nur als Reibekäse geeignet.

**Getränketipp** Vollmundige Rotweine, z. B. Valpolicella, Chianti oder Barolo

# Gratte Paille

**Käseart** Weichkäse mit weißem Edelpilz

**Milch** Rohmilch von der Kuh

**Fettgehalt** 70 % i. Tr.

**Herkunft** Ile de France (Paris), Frankreich

**Eigenschaften** Der Gratte Paille ist ein sahniger Käse mit fleckiger Rinde. Sein voller und sahniger Geschmack macht diesen Käse zu einem besonderen Genuss.

**Geschichte** „Erfunden" wurde der Gratte Paille 1970.

**Herstellung** Der Gratte Paille wird von Hand in 10 cm lange, 7 cm breite und 6 cm hohe Blöcke geformt. Er wiegt etwa 350 g. Seine Reifezeit beträgt 4 Wochen.

**In der Küche** Seine Cremigkeit macht ihn zu einem idealen Begleiter für knuspriges Brot. Als Dessertkäse gut zu Obst.

**Getränketipp** Bordeaux-Weine oder Chenin Blanc

# Graukäse

**Käseart** Sauermilchkäse

**Milch** Pasteurisierte Kuhmilch

**Fettgehalt** 2 % i. Tr.

**Herkunft** Tirol, Österreich

**Eigenschaften** Seine dünne Rinde hat kleine Risse und ist mit einem blaugrauen bis grüngrauen Schimmel überzogen. Der gelbweiße marmorierte Teig ist trocken bis speckig.

**Geschichte** Früher ein typisches Arme-Leute-Essen. Magermilch war nach dem Abschöpfen der Sahne reichlich vorhanden.

**Herstellung** Wird aus Magermilch hergestellt, die mit Milchsäurebakterien dickgelegt wird. Der entstehende Quark wird in Formen gefüllt und ist nach mindestens 10-wöchiger Kellerreifung essfertig.

**In der Küche** Schmeckt gut zu kräftigem Roggenbrot, wird auch gern mit Essig, Öl und Gewürzen angemacht.

**Getränketipp** Apfelwein oder Bier

# Greyerzer (AOC)

**Käseart** Fester Schnittkäse

**Milch** Rohmilch von der Kuh

**Fettgehalt** 49 % i. Tr.

**Herkunft** Französisch-italienische Schweiz

**Eigenschaften** Der Käse ist auch unter dem Namen Gruyère bekannt. Der feste Teig schmeckt fruchtig mit einem leichten Salzaroma. Er hat kleine erbsengroße Löcher. Die Rinde ist schmierig und braun.

**Geschichte** Bereits für das Jahr 1155 ist die Produktion des Käses belegt. Im 14. Jh. war der Greyerzer bereits über die Landesgrenzen hinaus bekannt.

**Herstellung** Die rohe Milch wird in offenen Kupferkesseln erwärmt, Lab zugesetzt, der Bruch zerkleinert und erneut erwärmt. Die geformte Masse wird 16 Stunden gepresst, dann gesalzen. Der Käse lagert anschließend 5 – 12 Monate auf Fichtenholzgestellen.

**In der Küche** Unverzichtbarer Bestandteil eines Fondues. Auch auf jeder Käseplatte ist er höchst beliebt. Siehe Rezept S. 252.

**Getränketipp** Rotwein, z. B. Spätburgunder, Merlot oder Barolo

# Harzer Käse

**Käseart** Sauermilchkäse

**Milch** Pasteurisierte Sauermilch

**Fettgehalt** Weniger als 10 % i. Tr.

**Herkunft** Ursprünglich aus dem Harz, ganz Deutschland

**Eigenschaften** Harzer Käse ist extrem fettarm und eiweißhaltig. Er schmeckt unverwechselbar mild- bis kräftig-pikant. Man unterscheidet Harzer Gelbkäse (durch die Behandlung mit Rotschmierckultur wird er goldgelb) und Harzer mit Edelschimmel (wird mit Edelpilzkulturen beimpft und hat eine samtig-weiße Oberfläche).

**Geschichte** Seit Ende des 19. Jh. werden Sauermilchkäse wie Harzer oder Mainzer produziert.

**Herstellung** Der Sauermilchkäse wird aus Magerquark hergestellt und reift 4–8 Tage.

**In der Küche** Er wird traditionell mit Zwiebeln und Essig („Handkäse") oder mit zerlassenem Gänsefett und Pfeffer angemacht. Schmeckt gut zu frischem Roggenbrot.

**Getränketipp** Weißwein, z. B. Silvaner, aber auch gut zu Bier

# Havarti

**Käseart** Halbfester Schnittkäse

**Milch** Pasteurisierte Kuhmilch

**Fettgehalt** 45 oder 60 % i. Tr.

**Herkunft** Jütland, Dänemark

**Eigenschaften** Havarti schmeckt mild, leicht säuerlich und typisch würzig, je nach Grad der Reifung zunehmend schärfer. Der Teig ist hellgelb und hat viele kleine Löcher. Seine Naturrinde ist gewaschen.

**Geschichte** Havarti ist nach dem dänischen Bauernhof „Havartigaarden" benannt worden, zum Andenken an die Besitzerin des Hofes. Hanne Nielsen reiste in ganz Europa herum, um die Technik der Käseproduktion zu studieren, später gründete sie in Dänemark ihre eigene Produktion. Dies geschah vor über 100 Jahren.

**Herstellung** Nach dem Salzen reift der Käse 4 Wochen, dann wird dem Käsebruch Kümmel oder auch Kräuter zugesetzt.

**In der Küche** Ein idealer Belag für Brot, schmeckt gut mit Gurken und Radieschen. Reiferer Käse eignet sich auch zum Überbacken.

**Getränketipp** Fruchtiger Weißwein, z. B. Riesling, Orvieto, Weißburgunder, oder Rotwein wie Beaujolais

# HERRGÅRDOST

**Käseart** Fester Schnittkäse

**Milch** Pasteurisierte Kuhmilch

**Fettgehalt** 45 % i. Tr.

**Herkunft** Schweden

**Eigenschaften** Der Käse, der dem Emmentaler ähnelt, hat eine feste Konsistenz, er ist blassgelb und hat wenige erbsengroße Löcher. Er hat einen milden, leicht nussigen Geschmack.

**Geschichte** Der Käse wurde – wie die Übersetzung „Herrenhauskäse" vermuten lässt – traditionell auf größeren Höfen vor allem Mittel- und Südschwedens hergestellt.

**Herstellung** Der wie cin Wagenrad geformte Herrgårdost reift nach dem Formen mindestens 3 Monate. Reift er länger, wird sein Geschmack würziger.

**In der Küche** In Schweden traditioneller Brotbelag, gern mit Marmelade bestrichen. Auch zum Überbacken geeignet.

**Getränketipp** Weißwein, z.B. Silvaner

# HERVE

**Käseart** Weichkäse

**Milch** Pasteurisierte Kuhmilch

**Fettgehalt** 45 % i. Tr.

**Herkunft** Lüttich, Belgien

**Eigenschaften** der viereckige Herve hat einen elfenbeinfarbenen leicht glänzenden Teig mit wenigen Bruchlöchern, seine Rinde ist orangegelb. Er schmeckt würzig-pikant.

**Geschichte** Der Ahnherr des deutschen Limburgers. Seit dem 18. Jh. wird in der belgischen Stadt Herve unweit der deutsch-belgischen Grenze Käse produziert.

**Herstellung** Der geformte und gepresste Käse wird mit Rotschmiere behandelt und reift 5 – 6 Wochen in feuchten Kellerräumen. Währenddessen wird er mehrfach mit Salzlake abgewaschen. Ein kräftig schmeckender Herve piquant extra reift ca. 2 Monate.

**In der Küche** Zum Abschluss einer Mahlzeit oder pur zu Brot. Auch zum Überbacken eines Toastbrots.

**Getränketipp** Am besten schmeckt dieser würzige Käse zu Bier.

# IBÉRICO

**Käseart** Halbfester Schnittkäse

**Milch** Kuh-, Schafs- oder Ziegenmilch

**Fettgehalt** 45 % i. Tr.

**Herkunft** Castilla La Mancha, Castilla León (zentrale Hochebene) und ganz Spanien

**Eigenschaften** Der zylindrische Käse schmeckt frisch-würzig, mit zunehmender Reife wird sein Aroma kräftiger. Die Rinde zeigt an, wie reif der Käse ist. Der junge Ibérico (20–30 Tage gereift) hat eine weißlichgelbe, der halb reife (50–60 Tage) eine schwarze Rinde. Der 3 Monate gereifte Käse hat eine braune, der 6 Monate gereifte eine dunkelbraune Rinde.

**Herstellung** Der bekannteste Mischkäse Spaniens reift mindestens 25 Tage. Zuvor wird der Bruch geformt und gesalzen.

**In der Küche** Ein guter Dessertkäse. Ideal zum Überbacken und zum Verfeinern von Suppen und Saucen, auch pur zu Brot schmackhaft.

**Getränketipp** Rotwein, z.B. Rioja, Shiraz oder Val de Luca Sangiovese

# IBORES (D.O.P.)

**Käseart** Halbfester Schnittkäse

**Milch** Rohe Ziegenmilch

**Fettgehalt** 45 % i. Tr.

**Herkunft** Extremadura, Südwestspanien

**Eigenschaften** Der zylindrische Ibores schmeckt nach Butter, seine Rinde wird während der Reifung mit Paprikapulver und Olivenöl eingerieben. Sie hat eine rötliche Farbe.

**Geschichte** Das tiefere Bergland ist das Weidegebiet der einheimischen Retinta- und Verata-Ziegen. Die Ziegen geben die fette und aromatische Milch für diesen schmackhaften Käse.

**Herstellung** Die Milch gerinnt durch natürliches Lab. Ist der Käse halbfest herangereift, wird er mit Paprika und Olivenöl eingerieben. Er reift mindestens 2 Monate in kleinen Molkereien.

**In der Küche** Der Ibores schmeckt gut zu kräftigem Roggen- oder Mehrkornbrot. Er verfeinert ebenso Aufläufe, Suppen, Saucen und Fleischgerichte.

**Getränketipp** Dessertwein, z.B. Sherry

# Idiazábal (D.O.P.)

**Käseart** Hartkäse

**Milch** Rohe Schafsmilch

**Fettgehalt** 45 % i. Tr.

**Herkunft** Baskenland, Nordosten Navarras, Spanien

**Eigenschaften** Der Käse schmeckt pikant und ausgeprägt nach Schaf. Der ungeräucherte Käse besticht durch ein feines Heuaroma, der geräucherte durch ein dezentes Rauch-aroma. Der spröde Teig ist elfenbeinfarben, die Rinde ist hellgelb (ungeräuchert) oder rotorange bis bräunlich (geräuchert).

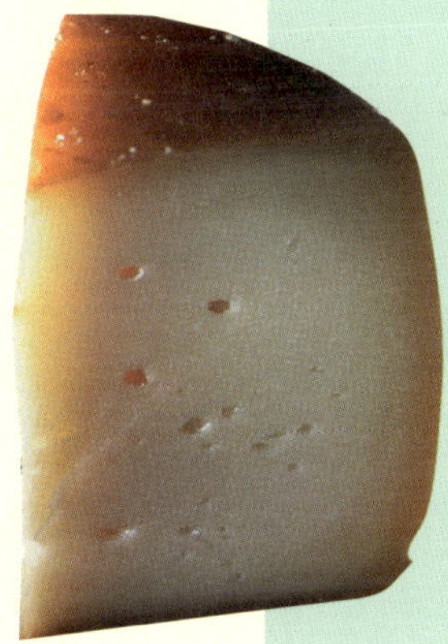

**Geschichte** Der Käse wurde früher auf kleinen Höfen gemacht und traditionell in den Kamin gehängt, so dass er den Duft des Holzrauchs annahm. Dieser Brauch existiert noch immer.

**Herstellung** Die Milch stammt von den Schafen der Rassen Latxa und Carranzana. Der zylindrisch geformte Bruch reift nach dem Einsalzen 2–5 Monate, dann kann er über Buchen-, Weißdorn- oder Kirschbaumholz geräuchert werden.

**In der Küche** Pur zu Brot oder gerieben zum Verfeinern von Aufläufen, Saucen oder Suppen.

**Getränketipp** Rotwein, z. B. Rioja

# Jarlsberg

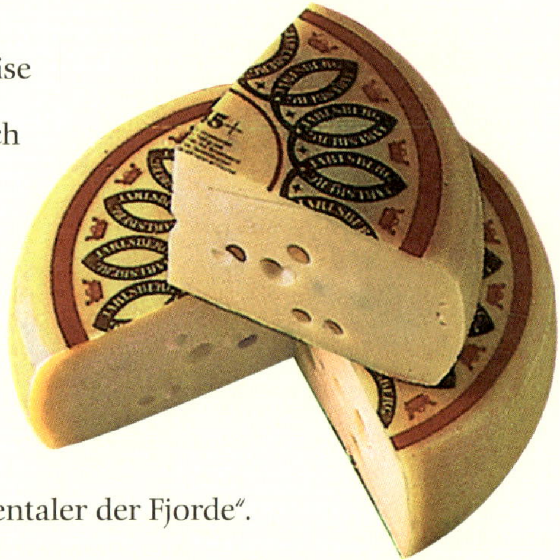

**Käseart** Halbfester Schnittkäse

**Milch** Pasteurisierte Kuhmilch

**Fettgehalt** 45 % i. Tr.

**Herkunft** Norwegen

**Eigenschaften** Der runde Käse ist goldgelb, mit haselnussgroßen Löchern. Er schmeckt mild bis nussig. In Norwegen nennt man „Emmentaler der Fjorde“.

**Geschichte** Der aus dem Gebiet Jarlsberg, Südnorwegen, stammende Käse ist wohl der älteste des Landes. Benannt wurde er nach einer alten Wikingersiedlung am Oslofjord.

**Herstellung** Der König unter den norwegischen Käsesorten wird in Formen bis zu 2 Tage gepresst und anschließend mit Salzlake abgewaschen. Er reift mindestens 3 Monate in kühlen Kellern. Währenddessen werden die Laibe regelmäßig gewaschen und gebürstet.

**In der Küche** Idealer Brotbelag oder Bestandteil einer Käseplatte. Auch zum Überbacken geeignet. Siehe Rezept S. 262.

**Getränketipp** Weißwein, z. B. Sauvignon, Riesling, Silvaner, oder Orvieto

# Jehan de Brie

**Käseart** Weichkäse mit Weißschimmel

**Milch** Rohmilch von der Kuh

**Fettgehalt** 70 % i. Tr.

**Herkunft** Ile dc France (Paris), Frankreich

**Eigenschaften** Dieser milde Weichkäse mit Weißschimmelflora schmeckt leicht nussig. Er gehört zur Familie der Brie-Käse.

**Herstellung** Der flache tortenförmige Käse wird von Hand geschöpft. Nach 4 – 5 Wochen ist er reif.

**In der Küche** Zum Abschluss einer Mahlzeit, auf Kanapees, zu Baguette. Mit frischem Obst und Nüssen als Salat.

**Getränketipp** Kräftige und fruchtige Burgunder sowie rote Bordeaux, ganz besonders Pomerol und Saint-Emilion

# KEFALOTIRI

**Käseart** Fester Schnittkäse

**Milch** Rohe Ziegen- oder Schafsmilch

**Fettgehalt** 45 % i. Tr.

**Herkunft** Griechenland

**Eigenschaften** Das griechische Wort „kefalo" bedeutet Hut – ein Hinweis auf seine leicht gewölbte Form. Er schmeckt leicht salzig und hat ein säuerliches Aroma. Er ist hellgelb und hat eine feste Rinde und kleinere Löcher.

**Geschichte** Der bekannte Tafelkäse wird seit Jahrhunderten in Griechenland hergestellt.

**Herstellung** Die dickgelegte Milch wird geformt, gepresst, gesalzen und dann noch einmal gepresst, um anschließend rund 3 Monate in feuchten Kellern zu reifen.

**In der Küche** Schmeckt im Klassiker Moussaka genauso gut wie in anderen warmen Gerichten. Gut zum Überbacken oder zum Füllen von Gemüse wie Zucchini geeignet.

**Getränketipp** Weißwein, z. B. Retsina oder Mandilari

# Kernhem

**Käseart** Halbfester Schnittkäse

**Milch** Pasteurisierte Kuhmilch

**Fettgehalt** 60 % i. Tr.

**Herkunft** Niederlande

**Eigenschaften** Kernhem ist ein aromatischer sahniger Käse, der sich gut als Imbisskäse eignet. Der Käseteig hat eine goldgelbe Farbe und ist im Geschmack mild-aromatisch. Seine Konsistenz ist weich-geschmeidig.

**Herstellung** Die flachen runden Käselaibe werden während der Reifezeit regelmäßig mit Wasser besprüht. Es wird gleichmäßig verrieben, damit sich eine dünne geschmeidige Rinde bildet, die orangegelb ist. Er reift 4 Wochen.

**In der Küche** Ideal als Brotbelag oder Käsehäppchen zum Wein oder Bier. Auch zum Überbacken geeignet.

**Getränketipp** Weißwein, z. B. fruchtiger Riesling, Weißburgunder, Pinot grigio, auch gut zum Bier

# Laguiole (AOC)

**Käseart** Schnittkäse

**Milch** Rohe Kuhmilch

**Fettgehalt** 45 % i. Tr.

**Herkunft** Auvergne, Frankreich

**Eigenschaften** Der zylindrische Laguiole schmeckt leicht säuerlich, herb und pikant. Der junge Käse zergeht auf der Zunge, der gereifte wird leicht bröckelig. Als Erkennungszeichen wird jedem Käse ein Stier und das Wort Laguiole in die Rinde geprägt.

**Herstellung** Nach alter handwerklicher Tradition hergestellt. Der geformte Bruch reift unter einer Presse, nach dem Salzen wird der Käse erneut gepresst. In Kellern reift er 4 – 9 Monate.

**In der Küche** Ideal zu Baguette oder kräftigem Roggenbrot, eignet sich auch gut zum Überbacken oder für Kartoffelpüree, das mit Butter und Laguiole vermengt wird.

**Getränketipp** Fruchtige Rotweine wie Beaujolais oder Crostières de Nîmes

# Langres (AOC)

**Käseart** Weichkäse

**Milch** Pasteurisierte Kuhmilch

**Fettgehalt** 50 % i. Tr.

**Herkunft** Burgund, Champagne und Lothringen, Frankreich

**Eigenschaften** Dieser leicht würzige Weichkäse hat einen sehr cremigen und zart schmelzenden Teig. Sein Geschmack ist leicht salzig. Die gewaschene, leicht feuchte Rinde ist beim jungen Käse hellgelb, beim gereiften braun.

**Geschichte** Das Ursprungsgebiet dieses Weichkäses ist das Langres-Plateau in der Champagne. Man erkennt ihn sofort an der leichten Vertiefung.

**Herstellung** Ohne gerührt oder gewaschen zu werden, gibt man den Käsebruch in Formen. Nach 24 Stunden ist die Molke abgetropft und der gesalzene Käse trocknet auf Gittern. Während der Reifezeit wird er feucht abgerieben, zum Schluss mit Marc de Bourgogne oder Champagner.

**In der Küche** Sein kräftiger Geschmack bereichert jede Käseplatte. Langres mit Backpflaumen und Mandeln gehört zu den Käseküchenklassikern.

**Getränketipp** Alter Marc de Champagne

# Le Cados

**Käseart** Weichkäse mit Weißschimmel

**Milch** Rohmilch von der Kuh

**Fettgehalt** 45% i. Tr.

**Herkunft** Normandie, Frankreich

**Eigenschaften** Le Cados wird mit Calvados verfeinert und schmeckt – vom Reifegrad abhängig – mild bis sehr kräftig.

**Herstellung** Der Camembert wird nach dem Formen gesalzen, dann zum Trocknen in einen Hâloir, einen Raum mit spezieller Luftfeuchtigkeit und Temperatur, gelegt. Nach ca. 3 Wochen ist er reif.

**In der Küche** Gebacken, zu frischem Roggen- oder Stangenbrot oder zum Überbacken von Aufläufen.

**Getränketipp** Weine aus dem Burgund, milde Bordeaux, aber auch fruchtige Beaujolais, kräftige Côtes du Rhône oder vollmundige Weine aus der Touraine

# Leerdamer

**Käseart** Halbfester Schnittkäse

**Milch** Pasteurisierte Kuhmilch

**Fettgehalt** 45 % i. Tr.

**Herkunft** Niederlande

**Eigenschaften** Der gut als Imbisskäse geeignete Leerdamer schmeckt mild und leicht nussig. In den Niederlanden ist er unter dem Namen Maasdamer bekannt. Der runde Käselaib mit seinen kirschgroßen Löchern erinnert an den Schweizer Emmentaler. Er ist geschmeidig-weich wie ein Gouda und so aromatisch wie ein Emmentaler.

**Herstellung** Leerdamer reift innerhalb von 5 Wochen heran.

**In der Küche** Er schmeckt gut als Brotbelag. Dazu passen Tomaten, Gurken oder Trauben. Auch für Salate und Saucen geeignet. Siehe Rezept S. 267.

**Getränketipp** Weißwein, z.B. fruchtiger Riesling, Weißburgunder, Pinot grigio

# LE VIGNERON

**Käseart** Weichkäse

**Milch** Kuhmilch, pasteurisiert oder roh

**Fettgehalt** 50 % i. Tr.

**Herkunft** Elsass, Frankreich

**Eigenschaften** Le Vigneron ist ein kräftiger Munsterkäse und wird mit Marc de Gewürztraminer verfeinert. Auch mit Gartenkräutern und Paprikagewürz angereichert erhältlich.

**Herstellung** Während der Reifung wird der Käse regelmäßig gewaschen, bis sich die Rotkulturrinde entwickelt und dem Käse seinen vollmundig-feinen bis rassig-pikanten Geschmack verleiht.

**In der Küche** Zum Abschluss einer Mahlzeit, zu heißen Pellkartoffeln, in regionalen Rezepten wie Munster-Quiche.

**Getränketipp** Typisch elsässische Getränke wie Bier, Gewürztraminer oder Pinot Gris, aber auch kräftige vollmundige Rotweine wie Côte-Rotie

# Limburger (Backsteinkäse)

**Käseart** Weichkäse

**Milch** Pasteurisierte Kuhmilch

**Fettgehalt** 20–60 % i. Tr.

**Herkunft** vorwiegend Allgäu (ursprünglich aus Limburg in Belgien), Deutschland

**Eigenschaften** Limburger hat einen ausgeprägt pikanten Geschmack. Seine Form erinnert an einen Backstein. Die Rinde ist mit Rotschmiere überzogen, sein Teig hellgelb und weich.

**Geschichte** Seinen Ursprung hat der Limburger in Belgien. Mitte des 19. Jh. brachten ihn belgische Arbeiter in den Allgäu.

**Herstellung** Nach dem Formen wird der Limburger kurz in Salzlake gelegt, dann reift er 3–4 Wochen in feuchten Kellern, dabei wird er reglemäßig mit Salzlake eingerieben und gewendet.

**In der Küche** Schmeckt mit roten Zwiebelringen gut zu deftigem Kümmelbrot, eignet sich auch zum Überbacken.

**Getränketipp** Rotwein, z. B. Dornfelder, Lemberger oder Trollinger

# Livarot (AOC)

**Käseart** Weichkäse mit Rotflora

**Milch** Kuhmilch, pasteurisiert oder als Rohmilch (AOC)

**Fettgehalt** 40 % i. Tr.

**Herkunft** Normandie, Frankreich

**Eigenschaften** Der Livarot ist ein pikant-würziger Käse. Sein Geschmack ist leicht säuerlich und herb.

**Geschichte** Livarot war im 19. Jh. der beliebteste Käse in der Normandie. Da er geschmackvoll und nahrhaft ist, nannte man ihn das „Fleisch der Armen".

**Herstellung** Während der mindestens 3 Wochen dauernden Reifung wird der Käse dreimal wöchentlich mit Salzwasser gewaschen und gewendet. Die „Offiziersstreifen" (Streifen aus Grashalmen oder Papier, mit denen er umwickelt ist) sorgen dafür, dass der Käse dabei seine zylindrische Form behält.

**In der Küche** Er gehört auf jede Käseplatte und schmeckt zu frischem Stangenbrot.

**Getränketipp** Cidre, Calvados, körperreiche kräftige Rotweine wie Pomerol, Tokay

# MACCAGNETTA ALLE ERBE

**Käseart** Weichkäse

**Milch** Pasteurisierte Kuhmilch

**Fettgehalt** 45% i. Tr.

**Herkunft** Piemont, Italien

**Eigenschaften** Dieser italienische Weichkäse schmeckt leicht säuerlich bis mild. Er ist wohlriechend und pikant. Seine Form erinnert an Austern.

**Herstellung** Die geronnene Milch wird zuerst in ein Leinentuch gegeben und dann ausgepresst. Zur Verfeinerung bedeckt man den Käse mit Kräutern und Pfeffer oder mit Walnüssen und Maismehl.

**In der Küche** Bereichert jede Käseplatte, schmeckt zu Obst und frischem Baguette oder Roggenbrot.

**Getränketipp** Vollmundiger Rotwein, z.B. Barbera, Barolo oder Merlot

# Mahón-Menorca (D.O.P.)

**Käseart** Halbfester Schnittkäse

**Milch** Pasteurisierte Kuhmilch

**Fettgehalt** 38 % i. Tr.

**Herkunft** Menorca, Spanien

**Eigenschaften** Mahón schmeckt pikant, „meerwürzig" und leicht sahnig. Er hat eine quadratische Form mit abgerundeten Ecken und Kanten und eine glatte feste Rinde von gelblichbrauner Farbe. Der junge Mahon (3 – 9 Wochen gereift) hat ein milchiges Aroma, der halb gereifte („semicurado", 2 Monate) erinnert an Butter und geröstete Nüsse, der gereifte („curado", 6 Monate) schmeckt ausgesprochen pikant, sein Teig ist leicht brüchig. Mindestens 10 Monate reift der Mahón „anejo". Sein Teig ist hart und brüchtig, sein Aroma sehr intensiv.

**Herstellung** Die erhitzte Milch wird mit tierischem Lab zum Gerinnen gebracht, der dickgelegte Bruch gerührt, geformt und in Salzlake eingelegt. Die Käse reifen ca. 3 Wochen in Kellern.

**In der Küche** Der Junge Mahon schmeckt gut zu Brot, ältere Käse verfeinern warme Gerichte; auch Tapas, die berühmten spanischen Vorspeisen, lassen sich mit Mahon geschmacklich verfeinern. Siehe Rezept S. 256.

**Getränketipp** Weißwein, z. B. Canchales oder Cava

# Mai-Gouda

**Käseart** Halbfester Schnittkäse

**Milch** Kuhmilch, pasteurisiert oder roh

**Fettgehalt** 48 % i. Tr.

**Herkunft** Gouda (westliche Niederlande)

**Eigenschaften** Der Mai-Gouda ist eine Spezialität, die nur aus so genannter Mai-Milch hergestellt wird. In diesem Monat finden die Kühe auf der Weide viele Butterblumen, die dem Käse eine besonders goldgelbe Färbung sowie eine zarte und sahnige Konsistenz verleihen. Die Milch, aus der er hergestellt wird, enthält besonders viele Vitamine und Mineralstoffe. Deshalb heißt der aromatische Mai-Gouda hier auch „Graskaas" – zu deutsch „Graskäse".

**Geschichte** Die wichtigste holländische Käsesorte stammt aus der gleichnamigen Stadt Gouda. Er ist traditionell flach und rund wie ein Wagenrad, hat gewölbte Seiten und wiegt circa 12 Kilo.

**Herstellung** Aus der wertvollen Maimilch entsteht eine besonders aromatische Spezialität: Der Mai-Gouda, der nach 4–6 Wochen Reifezeit ab Mitte Juni in den Handel kommt. Er wird nur für den Export produziert.

**In der Küche** Am besten pur oder zu frischem Brot, auch als Käsespieß oder zum Verfeinern von Salaten.

**Getränketipp** Weißwein, z.B. fruchtiger Riesling, Weißburgunder, Pinot grigio

# Majorero (D.O.P.)

**Käseart** Schnittkäse

**Milch** Pasteurisierte Ziegenmilch

**Fettgehalt** 55 % i. Tr.

**Herkunft** Fuerteventura, Spanien

**Eigenschaften** Den Majorero gibt es in drei Reifestufen: als „tierno“ (Frischkäse, 1 Woche gereift), „semicurado“ (3 Monate) und „curado“ (4 Monate). Man kann jeweils zwischen den Varianten mit Natur- oder Paprikarinde wählen. Sein cremiges, leicht pikantes und ein wenig säuerliches Aroma besitzt je nach Reifestufe interessante Röstaromen im Abgang.

**Geschichte** Die Fertigung von Ziegenkäse fußt in ganz Spanien auf einer langen Tradition. Die Delikatesse der Kanaren hat eine lange Tradition und wird bis heute manuell hergestellt.

**Herstellung** Die besonders fetthaltige Milch der Majorera-Ziegen gerinnt durch die Zugabe von Enzymen, der Bruch wird gepresst und reift unterschiedlich lange, mindestens jedoch 1 Woche.

**In der Küche** Der Käse schmeckt gut zu Brot oder als Salatzutat. Der ältere eignet sich auch zum Verfeinern von Saucen, Suppen, Fleischgerichten oder Aufläufen.

**Getränketipp** Rotwein, z. B. Rioja oder Val de Luca Sangiovese

# Manchego (D.O.P.)

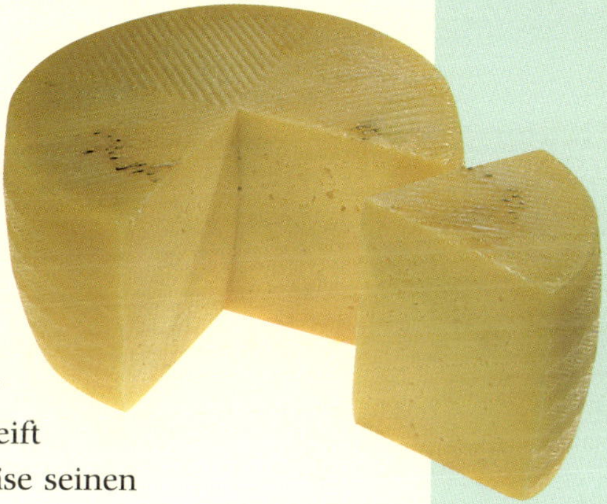

**Käseart** Schnittkäse

**Milch** Pasteurisierte Schafsmilch

**Fettgehalt** 50 % i. Tr.

**Herkunft** Provinz Castilla La Mancha, Spanien

**Eigenschaften** Jung schmeckt er wenig ausgeprägt, erst voll ausgereift erreicht der zylindrisch geformte Käse seinen typisch kräftigen, leicht säuerlichen Geschmack. Die Rinde fällt durch ihr Zickzackmuster und Ährendruck auf, je nach Herstellung ist sie gelb oder schwarz (durch Olivenöl).

**Geschichte** Spaniens berühmtester Käse kommt aus der Heimat Don Quichotes. Die Zucht der „Manchego"-Schafe und die Herstellung des Manchego ist in den endlosen Ebenen der Mancha schon seit Jahrhunderten verbreitet.

**Herstellung** Die Milch wird erhitzt und mit natürlichem Lab eingedickt. Nach dem Abtropfen der Molke wird der Bruch gepresst, geformt und noch einmal gepresst. Er liegt 1 Tag in Salzlake, danach reift er mindestens 2 Monate.

**In der Küche** Zutat für Tapas, der ältere Käse eignet sich gut zum Reiben und verfeinert warme Gerichte.

**Getränketipp** Dessertwein, z. B. Sherry

# Marcellin

**Käseart** Weichkäse

**Milch** Rohmilch von der Kuh

**Fettgehalt** 45 % i. Tr.

**Herkunft** Umgebung von Lyon, Frankreich

**Eigenschaften** Der Marcellin ist sehr gehaltvoll, vor allem, wenn er mit Trester affiniert wird. Die Rinde ist essbar.

**Geschichte** Der Käse trägt den Namen der gleichnamigen Stadt Saint-Marcellin. Früher wurde der Käse dort aus Ziegenmilch, heute nur noch aus Kuhmilch hergestellt.

**Herstellung** Während seiner Entwicklung vom frischen zum trockenen, ausgereiften Käse gewinnt er an Geschmack. Seine Reifung dauert 2–6 Wochen.

**In der Küche** Bereichert jede Käseplatte, pur oder zu frischem Roggen- oder Stangenbrot.

**Getränketipp** Passt zu Süßweinen, etwa Beerenauslesen, zu einem edelsüßen Tokay Pinot Gris oder Sauternes

# Maribo

**Käseart** Halbfester Schnittkäse

**Milch** Pasteurisierte Kuhmilch

**Fettgehalt** 30–45% i. Tr.

**Herkunft** Dänemark

**Eigenschaften** Eine Goudaart, die kräftig, voll und leicht säuerlich schmeckt. Der gelbe Teig hat kleine Löcher. Der Käse ist rindenlos.

**Geschichte** Der Maribo stammt ursprünglich von der dänischen Insel Lolland.

**Herstellung** Man lässt den größten Teil der Molke ablaufen, mischt dem Bruch etwas Salz zu, formt und salzt dann erst in einem Salzbad richtig.

**In der Küche** Ideal auf Brot, aber auch als Salatzutat oder zum Überbacken.

**Getränketipp** Weißwein, z.B. fruchtiger Riesling, Weißburgunder, Pinot grigio, oder milder Rotwein, etwa Spätburgunder

# MAROILLES (AOC)

**Käseart** Weichkäse

**Milch** Kuhmilch, pasteurisiert oder roh

**Fettgehalt** 45 % i. Tr.

**Herkunft** Normandie, Frankreich

**Eigenschaften** Schmeckt angenehm leicht und hat einen anhaltenden Nachgeschmack. Die gewaschene orangefarbene Rinde ist essbar. Seine Form erinnert an einen Pflasterstein.

**Geschichte** Mehr als 1000 Jahre ist es her, dass die Mönche der gleichnamigen Abtei das „Wunder von Maroilles" erfanden. Danach gelangte er schnell zu Berühmtheit: Philippe Auguste und François I. sind nur einige berühmte Köpfe, die den Weichkäse zu ihrem Lieblingskäse ernannten.

**Herstellung** Der ausgeformte Käse lagert 8 – 10 Tage in einem Trockenraum, danach reift er 3 – 5 Wochen in Kellern.

**In der Küche** Der ideale Begleiter zum Abschluss einer Mahlzeit, ungereift („blanc"), mittelreif („blondins") oder vollreif („vieux"). Regionale Gerichte, etwa Käsetartes, werden mit dem Maroilles zubereitet.

**Getränketipp** Cidre, Bier, kräftige Rotweine, z.B. Lalande de Pomérol oder Cahors

**Käseart** Halbfester Schnittkäse

**Milch** Pasteurisierte Schafsmilch

**Fettgehalt** 48 % i. Tr.

**Herkunft** Toskana, Italien

**Eigenschaften** Der Pecorino der Toskana ist ein hervorragender Tafelkäse. Er ist mild und reich an Düften.

**Geschichte** In der Antike wurde der Käse „Cacio Marzolino" genannt. Schon die Etrusker schätzten diesen aromareichen Käse.

**Herstellung** Der berühmte Marzolino wird ausschließlich in den Frühlingsmonaten produziert. Sein Name leitet sich von „marzo" für März ab. Er ist nach 15 Tagen reif.

**In der Küche** Ideal zu frischem Brot, in Salaten oder zur Verfeinerung von Pastasaucen.

**Getränketipp** Frische Weißweine aus der Region, z.B. Galestro oder Vernaccia di San Gimignano oder Rotweine wie Chianti, Montepulciano oder Montalcino

# Mascarpone

**Käseart** Frischkäse

**Milch** Kuhmilch, pasteurisiert oder roh

**Fettgehalt** 80 % i. Tr.

**Herkunft** Lombardei, Italien

**Eigenschaften** Mascarpone duftet leicht nach Milch und schmeckt angenehm mild. Sein Teig ist quarkähnlich, weißlich-gelb, cremig und streichfähig.

**Herstellung** Sahne mit einem Fettgehalt von 30 % wird auf 90 °C erhitzt und mit Zitronensaft zum Gerinnen gebracht. Abgefüllt wird der Käse nach dem Abtropfen und Abkühlen.

**In der Küche** Der Sahnekäse eignet sich hervorragend zur Zubereitung von Desserts, wie z.B. Tiramisu. Mascarpone verfeinert Saucen, Pastagerichte, Risotto und eignet sich ideal auch für Tortenfüllungen. Siehe Rezept S. 281.

**Getränketipp** Weißwein, z.B. Frascati oder Pinot Grigio, oder Prosecco

# Mimolette (AOC)

**Käseart** Schnittkäse

**Milch** Kuhmilch, roh oder pasteurisiert

**Fettgehalt** 40 % i. Tr.

**Herkunft** Nord-Pas-de-Calais, Frankreich

**Eigenschaften** Der runde Mimolette ist kräftig orangefarben. Er schmeckt je nach Grad der Reifung unterschiedlich – von leicht würzig, fein nussig bis kräftig pikant.

**Geschichte** Der Name Mimolette stammt von „mimou" – halbweich. Vermutlich begannen die Franzosen, diesen Käse nach derselben Methode wie den Holländer-Edamer herzustellen, als der französische Minister Colbert im 17. Jh. verbot, ausländische Waren, darunter auch Käse, einzuführen.

**Herstellung** Unverwechselbar macht den Mimolette vor allem sein orangefarbener Teig. Um diese Färbung zu erreichen, wird dem Käse der Farbstoff Anatto zugegeben. Im Laufe der Reifung entwickelt sich die Farbe von Karottengelb bis Orangebraun, und auch der Geschmack verändert sich.

**In der Küche** Ideal zu frischem Baguettebrot oder als Dessertkäse, aber auch zum Kochen geeignet. Siehe Rezept S. 261.

**Getränketipp** Ein herbes Bier sowie leichte Weiß- und Rotweine

# Mondseer

**Käseart** Halbfester Schnittkäse

**Milch** Pasteurisierte Kuhmilch

**Fettgehalt** 45 % i. Tr.

**Herkunft** Westliches Salzkammergut, Österreich

**Eigenschaften** Der runde Käse schmeckt würzig-pikant, sein Teig ist hellgelb und hat kleine Löcher, die Rinde ist trocken und rötlich.

**Geschichte** Seit 1818 ist der Käse bekannt. Vor 1955 nannte man ihn einfach Schachtelkäse.

**Herstellung** Die dickgelegte Milch wird geschnitten und geformt, dann reift der Käse 4–6 Wochen in Kellern. Währenddessen wird er mit Rotkulturen und Salzlake eingerieben. Vor dem Verpacken trocknet man die Rinde.

**In der Küche** Er passt zu kräftigem Roggenbrot, lässt sich aber auch in der warmen Küche zum Verfeinern verwenden.

**Getränketipp** Weißwein, z.B. Grüner Veltiner

# Montasio (DOC)

**Käseart** Schnittkäse

**Milch** Rohe Kuhmilch

**Fettgehalt** 45 % i. Tr.

**Herkunft** Friaul-Julisch Venetien, Italien

**Eigenschaften** Der Montasio ist ein angenehm mild schmeckender Käse, der nach längerer Reifung aromatisch pikant wird. Sein Teig ist weich und zart strohfarben beim Tafelkäse, dunkler und bröckelig beim Reibekäse. Die Rinde ist goldgelb bis dunkelgelb.

**Geschichte** Der Käse ist seit dem 13. Jh. bekannt. Seine Entstehung verdankt er den Benediktiner-Brüdern auf dem Berg Montasio.

**Herstellung** Nach dem Formen und Pressen werden die Käselaibe trocken oder in einer Lake gesalzen. Sie reifen 30 Tage bei 8 °C, der Tafelkäse weitere 2–5 Monate, der Reibekäse mindestens 12 Monate.

**In der Küche** Der junge Käse schmeckt zu kräftigem Roggenbrot oder Baguette, der reifere eignet sich gut zum Überbacken. Siehe Rezept S. 260.

**Getränketipp** Weißwein, z. B. Frascati, Trebbiano oder Pinot Grigio

# Mont d'Or (AOC)

**Käseart** Weichkäse, Saisonkäse (ca. August – März)

**Milch** Pasteurisierte oder rohe Kuhmilch

**Fettgehalt** 45 % i. Tr.

**Herkunft** Franche-Comté, Frankreich

**Eigenschaften** Der Vacherin Mont d'Or ist eine Spezialität und schmeckt ausgesprochen cremig.

**Herstellung** Der Käse wird nur von August bis Ende März erzeugt. Die Rohmilch darf nur von Kühen der Rassen Montbéliard und Simmentaler stammen. Zum Ausformen wird der Vacherin mit einem Ring aus Fichtenrinde umspannt. Während seiner mindestens dreiwöchigen Reifung auf einem Holzbrett wird er mehrmals gewendet und mit Salzwasser abgerieben, bevor er schließlich in die typische Schachtel aus Tannen- oder Fichtenholz verpackt wird.

**In der Küche** Kalt aus der Schachtel löffeln, aber warm ist der sahnige Käse ein Gedicht: Einfach den Käse in der Schachtel mit einem Gläschen Weißwein begießen, mit Alufolie umwickeln und einige Zeit im Backofen schmelzen lassen.

**Getränketipp** Weiße und rote Weine aus dem Jura und dem Arbois sowie Weißweine aus Savoyen und trockener Jurançon

# Morbier (AOC)

**Käseart** Weichkäse

**Milch** Kuhmilch, roh (AOC) oder pasteurisiert

**Fettgehalt** 45 % i. Tr.

**Herkunft** Franche-Comté, Frankreich

**Eigenschaften** Der Morbier hat einen markanten Streifen aus Pflanzenkohle, der sich waagerecht durch den Käse zieht. Der Bergkäse in der Form eines Mühlrades hat einen milden Geschmack mit einem leichten Nussaroma.

**Geschichte** Dieser Streifen ist eng mit der Entstehung des Käses vor über 200 Jahren verbunden: Die Milch vom Morgen wurde mit der vom abendlichen Melken vermischt. Damit sich auf dem frischen Bruch keine Kruste bilden konnte, bestäubte man die Käsemasse morgens mit Holzasche. Am Abend wurde dann die Milch des zweiten Melkgangs auf die bereits vorhandene Käsemasse gegeben.

**In der Küche** Das knusprige Baguette ist ganz klar der ideale Begleiter, knackige Alternative ist aber durchaus ein Vollkornknäckebrot. Auch zum Überbacken von Gemüse geeignet.

**Getränketipp** Aus der Franche-Comté, z. B. ein Arbois, aber auch andere spritzige Weißweine wie Muscadet oder Sancerre passen hervorragend.

# Mothais sur Feuille

**Käseart** Weichkäse

**Milch** Rohe Ziegenmilch

**Fettgehalt** 45 % i. Tr.

**Herkunft** Poitou-Charentes, Frankreich

**Eigenschaften** Frisch schmeckt der Mothais milchig-säuerlich, im Laufe der Zeit nimmt er die Aromen des Blattes an und entwickelt einen aromatischen Charakter.

**Herstellung** Der Mothais sur Feuille trägt seine Besonderheit bereits im Namen. „Sur feuille" bedeutet „auf dem Blatt" – und in der Tat wird der flache runde Rohmilch-Ziegenkäse auf einem Kastanien-, Platanen- oder Weinblatt gereift. Die Blätter absorbieren die Feuchtigkeit des frischen Käses und geben sie zurück, wenn der Käse reift und trocken wird.

**In der Küche** Zum Aperitif mit einem Pineau des Charentes (süßer Aperitifwein aus der Charentes).

**Getränketipp** Weine aus seiner Heimat: Weiß- oder Rotweine aus der Touraine oder ein leichter Rotwein aus der Charentes

# Mozzarella

**Käseart** Weichkäse

**Milch** Pasteurisierte Kuhmilch

**Fettgehalt** 45 % i. Tr.

**Herkunft** Lombardei, Italien

**Eigenschaften** Der weiße Mozzarella hat einen leichten milchigen Geschmack. Er wird meist in Form einer runden Kugel angeboten.

**Herstellung** Die Milch wird erhitzt, mit Lab und Milchfermenten versetzt. Der Bruch wird klein geschnitten, einige Stunden in Molke gelegt und dann in spezielle Behälter gefüllt. Unter Zugabe von heißem Wasser wird die Masse gezogen und in die gewünschte Form geschnitten. Zum Schluss erfolgt das Salzen in Lake.

**In der Küche** Der mild-säuerliche Mozzarella bildet mit Tomaten, Basilikum, Pfeffer und Olivenöl einen Vorspeisen-Klassiker (Insalata caprese). Auch als Pizzabelag für Pizza Margherita oder zum Überbacken geeignet. Siehe Rezept S. 276.

**Getränketipp** Fruchtige Weißweine, z. B. Pinot Bianco, oder Rosé

# Mozzarella di Bufala

**Käseart** Weichkäse

**Milch** Rohe Büffelmilch

**Fettgehalt** 50 % i. Tr.

**Herkunft** Kampanien, Italien

**Eigenschaften** Der porzellanweiße Mozzarella aus Büffelmilch schmeckt angenehm frisch, ist leicht salzig, etwas sauer und aromatischer als der Kuhmilch-Mozzarella.

**Geschichte** Bekannt ist der Büffel-Mozzarella seit dem 3. Jh., doch erst im 17. Jh. wurde er in großem Maßstab produziert. Die Mönche von San Lorenzo in Capua boten ihn damals mit Brot an. Das Wort „Mozzarella" stammt vom Wort „mazzare" ab: Gemeint ist der Vorgang, mit dem die Käser die Masse formten.

**Herstellung** Der Brühkäse wird aus frisch gemolkener, mit Kalbslab dickgelegter Milch hergestellt. Der reife Teig wird mit heißem Wasser überbrüht und in Form geschnitten. Mozzarella ist traditionell rund.

**In der Küche** Mit Tomaten, Basilikum, Pfeffer und Olivenöl der Vorspeisen-Klassiker (Insalata caprese). Auch als Pizzabelag oder zum Überbacken geeignet.

**Getränketipp** Fruchtiger Weißwein, z. B. Pinot grigio

# Munster/Munster-Géromé (AOC)

**Käseart** Weichkäse

**Milch** Kuhmilch, roh (AOC) oder pasteurisiert

**Fettgehalt** 45 % i. Tr.

**Herkunft** Elsass und Lothringen, Frankreich

**Eigenschaften** Der Wcichkäse mit gewaschener Rinde schmeckt sehr ausgeprägt und hat einen etwas strengen Geruch. Sein Teig ist weich und geschmeidig. Sein Geschmack würzig und leicht säuerlich.

**Geschichte** Der Käse geht auf die Benediktinermönche im Kloster Munster im Elsass zurück.

**Herstellung** Der nach dem Formen gesalzene Käse muss mindestens 21 Tage im Reifekeller lagern. Alle 2 Tage wird er gewaschen und gewendet. Der junge Munster (Petit Munster) ist nach 14 Tagen reif.

**In der Küche** Zum Abschluss einer Mahlzeit, zu heißen Pellkartofffeln, in regionalen Rezepten wie Munster-Quiche. Kümmel darf hierbei nicht fehlen. Beliebt auch zu Rosinenbrot.

**Getränketipp** Typisch elsässische Getränke wie Bier, Gewürztraminer oder Pinot Gris, aber auch kräftige vollmundige Rotweine wie Côte-Rotie

# Neufchâtel (AOC)

**Käseart** Weichkäse mit Weißschimmel

**Milch** Kuhmilch, pasteurisiert oder roh (AOC)

**Fettgehalt** 45 % i. Tr.

**Herkunft** Normandie, Frankreich

**Eigenschaften** Neufchâtel schmeckt mild bis pikant und hat einen leichtes pilzartiges Aroma. Er verfügt über einen ausgeprägten Schimmelgeruch.

**Geschichte** Der Käse ist wahrscheinlich der älteste Käse der Region um die gleichnamige Stadt. Die geschichtlichen Dokumente reichen bis ins Jahr 1035 zurück.

**Herstellung** Den Käsebruch vermengt man mit zerkleinertem, vom Edelschimmel überzogenem Käse, danach wird der Neufchâtel gerührt, geformt und gesalzen. In Kellern reift er 10 – 12 Tage. Es gibt ihn in Form kleiner Rollen, quadratisch oder rechteckig sowie als flache Laibe. Besonders charakteristisch ist der Neufchâtel in Herzform.

**In der Küche** Er bereichert auch optisch jedes Frühstück oder jede Käseplatte. Mit dunklem Roggenmischbrot harmoniert er ausgezeichnet.

**Getränketipp** Rotweine aus dem Cahors oder Madiran

# NIOLO

**Käseart** Weichkäse

**Milch** Rohe Schafsmilch

**Fettgehalt** 50 % i. Tr.

**Herkunft** Korsika, Frankreich

**Eigenschaften** Der korsische Schafskäse zeichnet sich durch intensiven Geruch und Geschmack aus. Seine Masse ist weich, aber richtig gut schmeckt er erst, wenn das Innere fest, ölig, ohne Löcher und ganz reif geworden ist.

**Herstellung** Schäfer fertigen den Käse nach alter handwerklicher Tradition an. Er reift mindestens 3 Monate in feuchten Kellern.

**In der Küche** Als wunderbar weiches Produkt eignet er sich besonders für alle Arten von Füllungen: Fleisch, Fisch, Pasta, Artischocken.

**Getränketipp** Korsische Weiß-, Rosé- und Rotweine

# Olivet à la Sauge

**Käseart** Weichkäse

**Milch** Pasteurisierte Kuhmilch

**Fettgehalt** 45 % i. Tr.

**Herkunft** Zentralfrankreich

**Eigenschaften** Der Olivet à la Sauge schmeckt etwas kräftiger als ein Coulommiers und ist mit Salbei garniert.

**Herstellung** Der geformte Käse wird gesalzen, anschließend in einem Hâloir, einem Raum mit spezieller Luftfeuchtigkeit und Temperatur, getrocknet. Er reift in Kellerräumen.

**In der Küche** Guter Dessertkäse zu Weintrauben, ideal zu frischem Baguette.

**Getränketipp** Bourgogne, Bordeaux, Côtes du Rhône

# Ossau-Iraty (AOC)

**Käseart** Schnittkäse

**Milch** Schafsmilch

**Fettgehalt** 50 % i. Tr.

**Herkunft** Baskenland, Frankreich

**Eigenschaften** Der zylindrisch geformte Ossau-Iraty hat einen nussartigen Geschmack mit einem dezenten Schafaroma.

**Herstellung** Der Käse wird noch traditionell produziert. Er darf nur aus der Milch der Manech- und Basco-Béarnaiser Schafe hergestellt werden und reift mindestens 120 Tage, um sein nussartiges Aroma zu entwickeln. Den optimalen Reifegrad erreicht er nach 7 Monaten.

**In der Küche** Zum Abschluss einer Mahlzeit oder als Zwischenmahlzeit sowie gerieben über Suppen oder Gratins. Lecker mit Kirschmarmelade.

**Getränketipp** Kräftige Rotweine wie Côtes du Rhône und würzige Weißweine aus seiner Heimat wie Jurançon oder Madiran

# Parmigiano Reggiano (DOC)

**Käseart** Schnittkäse

**Milch** Pasteurisierte Kuhmilch

**Fettgehalt** 32 % i. Tr.

**Herkunft** Emilia Romagna und Mantua, Italien

**Eigenschaften** Der Parmigiano Reggiano ist der eigentliche Parmesan, obwohl oft auch der Grana Padano so bezeichnet wird. Er ist mild und würzig und hervorragend zum Reiben geeignet. Der Teig ist elfenbeinweiß bis strohfarben, seine Rinde goldgelb bis dunkelbraun.

**Geschichte** Im 17. Jh. eroberte der Parmesan die Adelshöfe Europas. Diderot nahm den berühmten Käse in seine Enzyklopädie auf.

**Herstellung** Seine Reifezeit beträgt mindestens 12 Monate, meist mehrere Jahre. Ein 2 – 3 Jahre gereifter Parmesan trägt den Beinamen „Stravecchio". Verwendet wird die Milch von Kühen, die nur mit Gräsern und Heu gefüttert werden. Milchferment und Molke dicken die Milch ein, der Bruch wird aufgekocht und die Laibe in Salzwasser getaucht.

**In der Küche** Über Pasta, Suppen und Aufläufe gestreut. Als Antipasto zu Schinken und Salami. Siehe Rezept S. 270.

**Getränketipp** Rotwein, z. B. Lambrusco, Bardolino oder Dolcetto

# Passendale

**Käseart** Halbfester Schnittkäse

**Milch** Pasteurisierte Kuhmilch

**Fettgehalt** 50 % i. Tr.

**Herkunft** Westflandern, Belgien

**Eigenschaften** Die Form des Käses erinnert an ein Bauernbrot. Die Rinde ist dunkelgelb und mit einer weißen Schimmelflora bedeckt. Der cidottergelbe Teig schmeckt mild-würzig bis pikant.

**Herstellung** Der dickgelegte und zerschnittene Bruch wird in Brotform gebracht und gesalzen. Bei mäßiger Luftfeuchtigkeit reift der Käse mindestens 45 Tage.

**In der Küche** Er schmeckt gut als Brotbelag, eignet sich aber auch zum Gratinieren von Gemüse.

**Getränketipp** Rotwein, z.B. Dornfelder, Côtes du Rhône oder Beaujolais

# Pecorino Romano (DOC)

**Käseart** Schnittkäse

**Milch** Schafsmilch, roh oder pasteurisiert

**Fettgehalt** 45 % i. Tr.

**Herkunft** Toskana, Umbrien (Mittelitalien) und Sardinien

**Eigenschaften** Pecorino schmeckt je nach Alter mild bis kräftig würzig. Er ist als Tafel- wie auch als Reibekäse geeignet. Der kompakte Teig ist weiß bis hell strohfarben. Der in Sizilien hergestellte Pecorino Siciliano wird auch mit Pfeffer durchsetzt angeboten und ist wesentlich schärfer.

**Geschichte** Der Name stammt vom italienischen Wort „Pecora" für Schaf ab. Schon die Römer schätzten diesen leicht salzigen Käse.

**Herstellung** Der ausschließlich aus frischer Schafsmilch hergestellte Käse wird nach der Dicklegung trocken gesalzen oder in Salzlake gelegt. Der Tafelkäse reift 5 Monate, der Reibekäse mindestens 8 Monate.

**In der Küche** Gerieben schmeckt der Käse über Pasta oder Suppen. Siehe Rezept S. 268.

**Getränketipp** Rotwein, z. B. Barolo oder Chianti

# PÉLARDON (AOC)

**Käseart** Weichkäse

**Milch** Rohe Ziegenmilch

**Fettgehalt** 45 % i. Tr.

**Herkunft** Languedoc-Roussillon, Frankreich

**Eigenschaften** Der Käse mit seiner elfenbeinfarbenen Rinde schmeckt nussig, blumige und honigartige Aromen bestehen neben einem kräftigen Geruch nach Ziege. Der junge Käse ist weich und cremig, der reifere bröckelig.

**Geschichte** Früher war der Käse ein typisches Arme-Leute-Essen. Der Käse hat seinen rustikalen Charakter beibehalten. Die Ziegen, welche die Milch liefern, werden überwiegend im Freien gehalten.

**Herstellung** Nach dem Abfließen der Molke wird der Käse gesalzen und reift dann ca. 11 Tage.

**In der Küche** Zur Verfeinerung in Saucen und Suppen, zu frischem Roggenbrot oder paniert und frittiert.

**Getränketipp** Rotwein, z. B. Coteaux de Languedoc oder Côtes de Provence

# Picadou

**Käseart** Weichkäse

**Milch** Rohe Ziegenmilch

**Fettgehalt** 45 % i. Tr.

**Herkunft** Quercy, westl. Zentralmassiv, Frankreich

**Eigenschaften** Schmeckt je nach Reifung und Affinage mild bis kräftig. Manchmal mit Pfeffer gewürzt.

**Geschichte** Schon die Römer schätzten den Käse – eingelegt in Olivenöl.

**Herstellung** Nach der Formung werden die Käse mit Holzasche eingerieben und mit einem feuchten Platanenblatt eingewickelt.

**In der Küche** Zu frischem Baguette oder Roggenbrot oder als Beilage in einem Salat. Reif sollte er in Öl mit Lorbeerblättern, roten, schwarzen und grünen Pfefferkörnern eingelegt werden.

**Getränketipp** Weißwein, etwa Sancerre

# Pico

**Käseart** Weichkäse

**Milch** Rohe Kuhmilch

**Fettgehalt** 45 % i. Tr.

**Herkunft** Azoreninsel Pico, Portugal

**Eigenschaften** Der Weichkäse schmeckt leicht salzig, aber mild. Sein hellgelber Teig hat eine weiche Konsistenz.

**Geschichte** Wie man Käse herstellt, lernten die Insulaner einst von Seeleuten.

**Herstellung** Die dickgelegte Milch wird nach dem Abfließen der Molke gesalzen. Danach reift der Käse 15 Tage. Traditionelle Herstellung.

**In der Küche** Er bereichert jede Käseplatte und schmeckt auch gut zu frischem Roggenbrot.

**Getränketipp** Dessertwein, z.B. Madeira

# Picodon (AOC)

**Käseart** Weichkäse

**Milch** Rohe und pasteurisierte Ziegenmilch

**Fettgehalt** 45% i. Tr.

**Herkunft** Südliches Rhône-Gebiet, Frankreich

**Eigenschaften**
Der junge Picodon schmeckt leicht säuerlich und mild, der gereifte entwickelt ein nussiges Aroma. Er riecht dezent nach Ziege. Seine Rinde ist mit weißem und blauem Edelpilz überzogen.

**Herstellung** Der Ziegenmilch wird nur wenig Lab zugegeben, der Bruch in löchrige Formen gebracht und nach dem Abtropfen der Molke gesalzen. Nach 12 Tagen ist er reif. Reift er 4 Wochen, spricht man von einer „Dieulefit-Affinage".

**In der Küche** Als Abschluss einer Mahlzeit, in Blattsalaten, gegrillt oder in Olivenöl bzw. Obstbränden oder Wein eingelegt.

**Getränketipp** Rosé- oder Rotwein von den Côtes du Rhône

# Pierre Robert

**Käseart** Weichkäse

**Milch** Rohe Kuhmilch

**Fettgehalt** 75 % i. Tr.

**Herkunft** Ile de France (Paris), Frankreich

**Eigenschaften** Dieser vollfette Rohmilchkäse schmeckt zart und mild. Seine Konsistenz ist cremig.

**Geschichte** Der Affineur Pierre Robert Rouzaire soll diesen Weichkäse erfunden haben. Um ihn besonders cremig zu machen, fügt er Frischkäse hinzu.

**Herstellung** Der Käse wird per Hand geschöpft und die Milch mit Sahne und Frischkäse angereichert.

**In der Küche** Ein idealer Dessertkäse. Passt zu Kräckern und frischem Baguette.

**Getränketipp** Fruchtige Rotweine wie Côtes du Rhône oder Crus aus dem Beaujolais, Champagner oder Chardonnay

# Pithiviers au Foin

**Käseart** Weichkäse mit Außenschimmel

**Milch** Pasteurisierte Kuhmilch

**Fettgehalt** 45 % i. Tr.

**Herkunft** Zentralfrankreich

**Eigenschaften** Der Pithiviers au Foin duftet ausgesprochen aromatisch und ähnelt dem Coulommiers. In seine weiß schimmelige Oberfläche ist Heu eingewachsen. Der gelblichweiße Teig hat je nach Reifegrad einen hellen bis festen Kern und ist weich bis fließend in der Konsistenz. Das Heu verleiht ihm einen würzigen Geschmack.

**Herstellung** Er reift zwischen 2 und 3 Wochen.

**In der Küche** Guter Dessertkäse, passt zu Weintrauben, ideal zu frischem Baguette.

**Getränketipp** Bourgogne, Bordeaux, Côtes du Rhône

# Pont l'Evêque (AOC)

**Käseart** Weichkäse

**Milch** Kuhmilch, pasteurisiert oder als Rohmilch

**Fettgehalt** 45 % i. Tr.

**Herkunft** Normandie oder Loire-Tal, Frankreich

**Eigenschaften** Der quadratische Pont l'Evêque hat einen speckigen geschmeidigen Teig und schmeckt kräftig und würzig. Dic gewaschene Rinde ist orangegelb. Er wird während der Reifung mit Cidre und Salz gewaschen.

**Geschichte** Bevor er seinen jetzigen Namen erhielt, war er bei Generationen von Käseessern unter anderen Namen bekannt: Im Mittelalter nannte man ihn zuerst Angelon, im 13. Jh. Angelot, im 16. Jh. auch Augelot, bevor er im 17. Jh. schließlich den Namen Pont-L'Evêque erhielt.

**Herstellung** Der traditionell in der Normandie hergestellte Käse lagert nach dem Formen und Salzen 5–6 Wochen in Kellern. Die Laibe werden dabei regelmäßig mit Salzlake eingerieben, damit sich die typische Rotschmiere bilden kann.

**In der Küche** Zu Baguette oder Roggenbrot, zum Überbacken von Gemüse- und Kartoffelgerichten.

**Getränketipp** Cidre, aber auch kräftige Rotweine wie Bandol

# Port Salut

**Käseart** Halbfester Schnittkäse

**Milch** Pasteurisierte Kuhmilch

**Fettgehalt** 50 % i. Tr.

**Herkunft** Nordwestfrankreich

**Eigenschaften** Er ist mild im Geschmack mit einer fein-würzigen Note und einer geschmeidig-zarten Konsistenz. Die Rinde ist orangegelb.

**Geschichte** Dieser Käse ist unter den verschiedensten Namen auf der ganzen Welt bekannt. Er wurde vor rund 180 Jahren von Trappistenmönchen des Klosters Notre-Dame de Port-du-Salut in Entrammes in der Normandie erfunden. Der Käse kam dann zuerst nach Paris und von dort in die restliche Welt.

**Herstellung** Mittlerweile wird der Käse nicht mehr von Mönchen, sondern industriell angefertigt.

**In der Küche** Bereichert jede Käseplatte, schmeckt auf frischem Baguette- oder Roggenbrot.

**Getränketipp** Leichte Rotweine, z.B. Beaujolais, oder trockene Weißweine, wie der Muscadet

# Pouligny Saint-Pierre (AOC)

**Käseart** Weichkäse

**Fettgehalt** Mindestens 45 % i. Tr.

**Milch** Rohmilch von der Ziege

**Herkunft** Loire-Tal, Frankreich

**Eigenschaften** Er hat ein dezentes feines Ziegenaroma mit leicht säuerlichen, nussigen Noten.

**Herstellung** Wegen seiner charakteristischen Form trägt dieser Ziegenkäse auch den Spitznamen Pyramide oder Eiffelturm. In der besonderen Flora mit ihren Kirschbäumen und Heideflächen finden die Ziegen besonders reichhaltige Nahrung. Für den Käse wird nur wenig Lab zugesetzt, er reift mindestens 6 – 10 Tage.

**In der Küche** Frisch im Salat oder warm auf Toast, gereift pur als Dessert oder zu frischem Baguette. Ein Hingucker auf jeder Käseplatte.

**Getränketipp** Trockene fruchtige Weißweine von der Loire, z. B. ein weißer Touraine, oder Sancerre

# Provolone Valpadana

**Käseart** Schnittkäse

**Milch** Pasteurisierte Kuhmilch

**Fettgehalt** 45 % i. Tr.

**Herkunft** Emilia Romagna

**Eigenschaften** Provolone schmeckt mild und ein wenig süßlich. Er ist meist rund, oval oder birnenförmig und mit einer Schnur eingebunden. Sein fester, leicht elastischer Teig ist weiß bis hellgelb und zeigt sehr wenige Bruchlöcher auf. Es gibt ihn in zwei Geschmacksrichtungen. Als milden „tipo dolce", wenn Kälber-Lab und als pikanten „tipo piccante", wenn Ziegenlab bei der Herstellung verwendet wurde.

**Herstellung** Der Bruch wird nach dem Säuern heiß überbrüht. Der Käse wird in ein Paraffinbad getaucht und erhält dadurch eine glatte gelbe Schicht auf der Außenhaut. Die Reifezeit beträgt etwa 3–6 Monate.

**In der Küche** Er schmilz gut, deshalb ist er ideal zum Überbacken von Pasta oder Aufläufen. Er schmeckt auch zu Brot. Siehe Rezept S. 277.

**Getränketipp** Trockene Weißweine, z.B. Verdicchio di Castelli, oder Rotwein, z.B. Barbaresco

# RACLETTE

**Käseart** Halbfester Schnittkäse

**Milch** Kuhmilch, roh oder pasteurisiert

**Fettgehalt** 48 % i. Tr.

**Herkunft** Französische Schweiz

**Eigenschaften** Der Käse zu dem berühmten Walliser Nationalgericht schmeckt nussig und ist leicht schmelzend. Er hat einen würzigen Geschmack und ein säuerliches Aroma. Der Teig ist cremig, hellgelb bis elfenbeinfarben.

**Geschichte** „La Raclette" stammt wohl vom französischen Wort „racler" ab, das „abschaben" bedeutet. Bereits im Mittelalter kam man auf den würzigen Geschmack, einen halben Laib neben das offene Feuer zu legen und den geschmolzenen Käse abzuschaben.

**Herstellung** Auf den Berghütten verwendet man Rohmilch, die Talmolkereien arbeiten mit pasteurisierter Milch. Die dickgelegte Milch wird erhitzt, in Formen gegeben und gepresst, anschließend gesalzen. Der Käse reift mindestens 3 Monate.

**In der Küche** Ideal für Raclette, aber auch zum Überbacken von Aufläufen und Toast geeignet.

**Getränketipp** Weißwein, z. B. Fendant

# Ragusano (DOC)

**Käseart** Fester Schnittkäse

**Milch** Rohmilch von der Kuh

**Fettgehalt** Mindestens 42 % i. Tr.

**Herkunft** Sizilien, Italien

**Eigenschaften** Der kompakte Teig ist weiß oder strohfarben, die Rinde goldgelb beim Tafel-, dunkelbraun beim Reibekäse. Er schmeckt süßlich-mild, gereift pikant.

**Geschichte** Nur wenige Bauern produzieren diesen traditionellen Käse noch, so dass er vom „Aussterben" bedroht ist.

**Herstellung** Produziert wird der Brühkäse aus der Milch der Modica-Kühe. Die erhitzte Milch wird mit Lamm- oder Zickleinlab eingedickt, dann gepresst, getrocknet und gebrüht. Die Käselaibe werden vor dem Reifen in ein Salzbad getaucht. Der Tafelkäse reift 4 Monate, der Reibekäse mindestens 6 Monate. Die Reifung erfolgt durch Zusammenbinden von zwei Formen und durch Aufhängung an besonderen Vorrichtungen.

**In der Küche** Ideal als Dessertkäse, schmeckt zu kräftigem Roggenbrot. Der Reibekäse verfeinert Pastasaucen, Pizzas oder Aufläufe.

**Getränketipp** Rotwein, z. B. Barolo oder Chianti

# Reblochon (AOC)

**Käseart** Weichkäse

**Milch** Rohmilch von der Kuh

**Fettgehalt** 45 % i. Tr.

**Herkunft** Savoyen, Frankreich

**Eigenschaften** Der cremige Reblochon schmeckt vollmundig nussig und leicht nach Butter. Seine gewaschene Rinde ist mit natürlichem Edelschimmel überzogen.

**Geschichte** Im 14. Jh. bezahlten die Bauern ihre Pacht mit einem Teil ihrer Milchproduktion, dem so genannten „fruit". Kamen die Landbesitzer, molk der Bauer seine Kühe nur zum Teil. Sobald der Eigentümer fort war, wurde die restliche Milch gemolken. Diese sehr fetthaltige zweite Milch, das Ergebnis der „Reblâche" (Milchbetrug) diente dann zur Herstellung des Reblochon.

**Herstellung** Noch heute darf die Milch nur von den drei örtlichen Rinderrassen Abondance, Montbéliard und Tarine stammen, und auch die Produktionsregion ist ganz genau eingegrenzt.

**In der Küche** Mit seinem feinen Haselnussgeschmack passt er zu frischem Baguette oder Roggenbrot, zum Frühstücksbrötchen oder geschmolzen in Aufläufen oder anderen warmen Gerichten.

**Getränketipp** Weißweine aus Savoyen, z. B. ein feiner Crépy oder Roussette, aber auch fruchtige Rotweine wie Beaujolais

# Red Leicester

**Käseart** Halbfester Schnittkäse

**Milch** Pasteurisierte Kuhmilch

**Fettgehalt** 48 % i. Tr.

**Herkunft** Midlands, Mittelengland

**Eigenschaften** Der Leicester hat einen festen Teig, schmeckt mild und ist mit dem Farbstoff Anatto orange gefärbt. Er ähnelt dem Cheddar.

**Herstellung** Die Reifung beträgt 3–6 Monate, manchmal auch 9 Monate. Neben traditionell erzeugten Käsen finden sich auch solche aus industrieller Produktion, die unter anderem mit zusätzlichen aromatischen Zutaten versehen sein können: Gewürze, Knoblauch, Kräuter, Nüsse, Zwiebeln.

**In der Küche** Er bereichert schon allein optisch jede Käseplatte, lässt sich aber auch als Gratin-Käse zum Überbacken von Gemüse verwenden, da er sehr hervorragende Schmelzeigenschaften aufweist.

**Getränketipp** Bier

# RICOTTA

**Käseart** Frischkäse

**Milch** Pasteurisierte Kuh- oder Schafsmilch

**Fettgehalt** 30 % i. Tr.

**Herkunft** Mittel- und Süditalien

**Eigenschaften** Ricotta wird aus Molke hergestellt, schmeckt süßlich, mild und ein wenig nach Milch. Der schneeweiße Käse ist weich und leicht krümelig.

**Geschichte** Schon in der Antike wurde Ricotta (= „nochmals gekocht") aus der Molke von Ziegen- und Schafsmilch hergestellt.

**Herstellung** Die Molke wird zum Dicklegen erhitzt, die Masse anschließend nochmals erwärmt, damit die Flüssigkeit aus dem Käse tritt. Der abgetropfte Käse wird kurz gepresst. Er besitzt die stumpf-konische Form der Körbchen, in denen die Ricottakäse zum Abtropfen gegeben werden.

**In der Küche** Er passt zu Süßem und Pikantem. Ideal zum Füllen von Cannelloni und Lasagne oder als Zutat von Torten und Gebäck. Siehe Rezept S. 274.

**Getränketipp** Weißwein, z. B. Vernaccia di San Gimignano, oder Rotwein wie Dolcetto

# Ricotta Salata

**Käseart** Weichkäse

**Milch** Pasteurisierte Schafsmilch

**Fettgehalt** Mindestens 45 % i. Tr.

**Herkunft** Sardinien, Italien

**Eigenschaften** Diese Variante des Ricotta hat einen brüchigen Teig und schmeckt leicht salzig. Sein milchweißer Teig ist zart und streichfähig. Eine Variante des Ricotta salata ist der geräucherte Ricotta salata al forno, der nach leicht überbackenem Käse schmeckt.

**Herstellung** Die Molke wird zum Dicklegen erhitzt, die Masse anschließend nochmals erwärmt, damit die Flüssigkeit aus dem Käse tritt. Der abgetropfte Käse wird kurz gepresst. Wird der Ricotta salata als Tafelkäse angeboten, hat er eine Reifezeit von 20 – 30 Tagen hinter sich, als Reibekäse sogar 6 Monate.

**In der Küche** Ideal zum Füllen von Cannelloni und Lasagne oder als Zutat von Torten und Gebäck.

**Getränketipp** Weißwein, z. B. Vernaccia di San Gimignano, oder Rotwein wie Dolcetto

# Robiola di Roccaverano (DOC)

**Käseart** Weichkäse

**Milch** Rohe Kuh-, Ziegen- und Schafsmilch

**Fettgehalt** 45 % i. Tr.

**Herkunft** Piemont, Italien

**Eigenschaften** Er schmeckt kräftig aromatisch und etwas säuerlich. Außen ist er weiß und ohne Rinde, sein Teig gelb bis strohfarben.

**Geschichte** Robiola aus Roccaverano hat eine uralte Traditon. Bereits die ligurischen Kelten stellten ihren „rubeola" her.

**Herstellung** Das Milchvieh wird mit aromatischen Kräutern gefüttert. Durch natürliches Lab wird die Milch dickgelegt, danach ruht die Masse 1 Tag. Einen weiteren Tag zieht der Käsebruch in seinen Formen, dann wird er geslazen und reift noch 3 Tage bis zum Verzehr.

**In der Küche** Ein idealer Tafelkäse, der zu frischem Brot passt und jede Käseplatte bereichert. Auch eingelegt in Öl mit frischen Kräutern schmackhaft.

**Getränketipp** Rotwein aus der Region, z. B. Nebbiolo d'Alba, oder trockene Weißweine, z. B. Verdicchio di Castelli

# Rocamadour (AOC)

**Käseart** Weichkäse

**Milch** Rohe Ziegenmilch

**Fettgehalt** 45 % i. Tr.

**Herkunft** Midi-Pyrenées, Frankreich

**Eigenschaften** Der junge Rocamadour schmeckt frisch und leicht säuerlich, der gereifte hat ein haselnussartiges Aroma. Der Teig ist weich, elfenbeinfarben und die Rinde des reifen Käses hat einen leichten Blauschimmelüberzug.

**Geschichte** In einem Dokument aus dem 15. Jh. wird er als Zahlungsmittel für Pacht und Steuern erwähnt. In der provenzalischen Mundart nannte man diesen Ziegenkäse „kleinen Ziegenkäse“: „Cabécou de Rocamadour“.

**Herstellung** Seine Milch darf nur von den Ziegen der Rassen Alpine oder Saanen stammen, und das Futter muss aus reichhaltigem Getreide bestehen. Natürliches Lab bringt die Milch zum Gerinnen, die geformten Käse reifen nach dem Salzen in Kellern bei konstanter Temperatur und Luftfeuchtigkeit.

**In der Küche** Ein idealer Käse zum Abschluss einer Mahlzeit.

**Getränketipp** Cahors, Gaillac, Weißwein aus dem Bergerac

# Romadur

**Käseart** Weichkäse

**Milch** Pasteurisierte Kuhmilch

**Fettgehalt** Ab 20% i. Tr.

**Herkunft** Bayern, Deutschland

**Eigenschaften** Ein dem Limburger sehr ähnlicher, jedoch wesentlich milderer Rotschmierkäse. Der matt glänzendc hellgelbe Teig ist weich und mit kleinen unregelmäßigen Bruchlöchern durchzogen.

**Geschichte** Das Wort „Romadur" soll vom französischen Wort „remoudre" (= nochmals melken) abgeleitet sein. Er ist wie der Limburger in den dreißiger Jahren des 19. Jh. von Belgiern in das Allgäu eingeführt worden.

**Herstellung** Der Kesselmilch wird ein Säurewecker und Lab beigegeben. Der Bruch wird zu Haselnussgröße geschnitten, nach mehrmaligem Wenden kommt der Käse für 12 – 16 Stunden in ein Salzbad, danach wird er 8 – 14 Tage lang gelagert und mit *Bacterium linens* geschmiert.

**In der Küche** Er schmeckt pur mit Zwiebeln, auf Pumpernickel oder zu helleren Brotsorten mit sauren Gurken oder in pikanten Salaten. Er eignet sich auch zum Gratinieren. Siehe Rezept S. 275.

**Getränketipp** Vollmundiger Rotwein, z. B. Dornfelder

# Roncal

**Käseart** Hartkäse

**Milch** Rohe Schafsmilch

**Fettgehalt** 50 % i. Tr.

**Herkunft** Tal von Roncal in der Region Navarra, Spanien

**Eigenschaften** Der nussig-pikant schmeckende Roncal hat eine bräunliche bis strohgelbe Rinde. Sein fester Teig ist weißgelb, mit wenigen Löchern. Je älter der Käse, desto stärker das Schafaroma.

**Geschichte** Seit alters her ziehen Hirten mit ihren Schafherden durch das Roncal-Tal. Die Herstellung von Schafskäse ist ein traditioneller Wirtschaftszweig.

**Herstellung** Nach handwerklichen Methoden erzeugter Käse, ausschließlich aus der Milch der Schafrassen Latxa und Navarra. Natürliches Lab lässt die Milch gerinnen, der Käse reift mindestens 5 Monate.

**In der Küche** Der junge Roncal schmeckt gut zu Brot, der ältere ist ideal zum Überbacken.

**Getränketipp** Rotwein, z. B. Rioja oder Navarra

# Roquefort (AOC)

**Käseart** Halbfester Schnittkäse

**Milch** Rohmilch vom Schaf

**Fettgehalt** 52 % i. Tr.

**Herkunft** Causses, reift in den natürlichen Höhlen des Ortes Roquefort südwestlich des Zentralmassivs, Frankreich

**Eigenschaften** Dieser marmorierte Blauschimmelkäse schmeckt ausgesprochen würzig und pikant. Er ist leicht salzig, mit einem Hauch von Schimmel- und Schafgeruch. Er hat keine Rinde, sein cremefarbener Teig ist weich und bröckelig.

**Geschichte** Einen dem Roquefort ähnlichen Käse soll es bereits zu Zeiten der Römer gegeben haben. 1411 gewährte Karl VI. den Einwohnern von Roquefort das Monopol, diesen Käse in ihren Höhlen reifen zu lassen.

**Herstellung** Der Rohmilch wird Lab und *Penicillium* zugegeben, nach dem Salzen transportiert man die Laibe nach Roquefort, wo sie mindestens 3 Monate im Berg Combalu reifen.

**In der Küche** Für Saucen, Desserts, Kanapees, Salate, Blätterteigpasteten oder kräftigem Roggenbrot. Gehört auf jede Käseplatte. Siehe Rezept S. 258.

**Getränketipp** Süß- (Sauternes) und Likörweine (Muskateller)

# Sage Derby

**Käseart** Halbfester Schnittkäse mit geschabten Salbeiblättern

**Milch** Pasteurisierte Kuhmilch

**Fettgehalt** 48 % i. Tr.

**Herkunft** Derbyshire, North Midlands, England

**Eigenschaften** Das Besondere an diesem reinen und milden Käse ist seine grünliche Färbung und sein erfrischend würziger Salbeigeschmack. Es gibt auch eine Variante ohne Salbei, den Derby.

**Geschichte** Früher war der Sage Derby in England eine Weihnachtsdelikatesse. Mittlerweile ist er aber so beliebt, dass er das ganze Jahr über erhältlich ist.

**Herstellung** Er reift etwas länger als sein Namensvetter, der Derby-Cheese, und bekommt dadurch einen kräftigeren Geschmack sowie einen festeren Teig.

**In der Küche** Der englische Klassiker ist allein schon optisch durch seine grün marmorierte Färbung ein echter Hingucker auf jeder Käseplatte.

**Getränketipp** Fruchtiger Weißwein, leichter Rotwein

# Ste Maure de Touraine (AOC)

**Käseart** Weichkäse

**Milch** Ziegenmilch, pasteurisiert oder als Rohmilch (AOC)

**Fettgehalt** 45 % i. Tr.

**Herkunft** Touraine, Frankreich. Das sicherste Erkennungszeichen des Sainte-Maure de Touraine ist der Strohhalm. Er dient dazu, den rollenförmigen Käse zusammenzuhalten und den Kern zu durchlüften.

**Eigenschaften** Der Saint Maure duftet nach Walnüssen, sein Geschmack variiert in seiner Intensität je nach Reifung. Der Teig ist weiß und erinnert an eine Paste. Die Rinde ist meist mit Edelschimmel überzogen.

**Geschichte** Schon in der Zeit der Karolinger züchteten Bauern in Sainte-Maure Schafe.

**Herstellung** Der ausgeformte Käse, der mit wenig Lab gerinnt, wird leicht gesalzen und mit Pflanzenasche bestreut. Nach 10 Tagen ist er reif.

**In der Küche** In Scheiben zu Roggenbrot oder zum Überbacken von warmen Mahlzeiten. Schmeckt auch im Salat und zu Obst.

**Getränketipp** Leichte fruchtige Rot- und Weißweine aus seiner Heimat, der Loire, wie Chinon, Cabernet d'Anjou oder Touraine blanc

# Saint Nectaire (AOC)

**Käseart** Halbfester Schnittkäse

**Milch** Kuhmilch, pasteurisiert oder als Rohmilch (AOC)

**Fettgehalt** 50 % i. Tr.

**Herkunft** Auvergne, Frankreich

**Eigenschaften** Der Saint Nectaire hat besonders als gut gereifter Käse einen schmelzenden Geschmack. Sein geschmeidiger weißer Teig zergeht auf der Zunge und entfaltet dabei ein fein-herbes Aroma mit Noten von Salz, Walnüssen und Gewürzen. Typisch für ihn ist sein unverwechselbarer Geruch nach dunklem feuchtem Keller und Roggenstroh, auf dem er während der Reifung lagert.

**Geschichte** Der französische Feldmarschall Henri de La Ferte-Senneterre machte den Käse an der Tafel Ludwigs XIV. berühmt.

**Herstellung** Während seiner Reifezeit (21 Tage) wird der Käse regelmäßig gewaschen, um das Wachstum der weißen, gelben und roten Oberfläche zu aktivieren.

**In der Küche** Zum Abschluss einer Mahlzeit, auch zum Überbacken oder zum Verfeinern von Suppen und Saucen geeignet.

**Getränketipp** Frischer Weißwein, leichter fruchtiger Rotwein

# Saint Paulin

**Käseart** Halbfester Schnittkäse

**Milch** Pasteurisierte Kuhmilch

**Fettgehalt** 40 % i. Tr.

**Herkunft** Zentralfrankreich, Normandie, Bretagne, Lothringen

**Eigenschaften** Der industriell hergestellte Saint Paulin ist ein milder Käse, der sich gut als Dessertkäse eignet. Leicht säuerliches Aroma nach Milch und ein Teig, der auf der Zunge zergeht. Die Rinde ist orangegelb.

**Geschichte** Früher wurde der Saint Paulin ausschließlich in Klöstern hergestellt. Um 1930 kam er als erster, aus pasteurisierter Milch hergestellter Käse in den Handel.

**Herstellung** Der Saint Paulin wird industriell hergestellt. Er reift 3 – 5 Wochen.

**In der Küche** Ein Muss auf jeder Käseplatte, zu frischem Baguette- oder Roggenbrot bzw. Obst. Verfeinert Saucen, Omelettes und Quiches.

**Getränketipp** Leichte Bordeaux-Weine oder Weißburgunder

# Salers (AOC)

**Käseart** Halbfester Schnittkäse

**Milch** Rohmilch von der Kuh

**Fettgehalt** 45 % i. Tr.

**Herkunft** Auvergne, Frankreich

**Eigenschaften** Der leicht salzige Käse duftet herrlich frisch nach Gewürzkräutern. Er schmeckt aromatisch, leicht säuerlich und hat ein herbes, erdverbundenes Aroma. Erkennungszeichen dieses zylindrisch geformten Käses ist die rote Aluminiumplakette.

**Geschichte** Er gehört zu den ältesten Käsesorten und hat seinen Namen vom Ort Salers, einer mittelalterlich Stadt auf 930 Metern Höhe im Herzen der Berge des Cantal.

**Herstellung** Der Käse wird nur von Mai bis Oktober hergestellt. Der Bruch wird ein zweites Mal zerkleinert, gesalzen, geformt und für 2 Tage unter die Käsepresse gelegt. Er reift 6 – 12 Monate in feuchten Kellern.

**In der Küche** Pur am Ende einer Mahlzeit; zu Äpfeln, Walnüssen, Trauben oder roten Früchten. Zum Verfeinern von Saucen oder Suppen oder zu Walnussbrot.

**Getränketipp** Leichte Beaujolais-Weine oder Weine aus dem Loire-Tal

# SAMSOE

**Käseart** Halbfester Schnittkäse

**Milch** Pasteurisierte Kuhmilch

**Fettgehalt** 45 % i. Tr.

**Herkunft** Dänemark

**Eigenschaften** Samsoe schmeckt mild, leicht säuerlich und hat dennoch eine schwache Süße. Der Teig ist strohgelb, mit wenigen haselnussgroßen Löchern. Die dünne Rinde ist gelb, oft mit Wachs überzogen.

**Geschichte** Seinen Namen hat er von der gleichnamigen dänischen Insel. Schweizer Käser entwickelten im 19. Jh. diesen Käse für das dänische Königreich.

**Herstellung** Der geformte, gepresste und gesalzene Käseteig reift mindestens 3 Monate.

**In der Küche** Der Käse schmeckt gut auf Brot, eignet sich aufgrund seiner guten Schmelzeigenschaft auch zum Überbacken oder Übertoasten. Siehe Rezept S. 271.

**Getränketipp** Rotwein, z. B. Spätburgunder oder Beaujolais

# São Jorge

**Käseart** Hartkäse

**Milch** Rohe Kuhmilch

**Fettgehalt** 45 % i. Tr.

**Herkunft** Azoreninsel São Jorge, Portugal

**Eigenschaften** Der leicht salzig schmeckende São Jorge hat ein durchdringendes pikantes Aroma. Der Teig ist fest, mit wenigen Löchern. Die Rinde ist dunkelgelb. Manchmal ist er mit einer Paraffinschicht umhüllt. Der Geschmack kommt vor allem von der Milch der Kühe auf São Jorge, die durch die salzhaltige Luft und die saftigen Hochlandweiden einzigartig ist.

**Geschichte** Der Käse erinnert an den britischen Cheddar, deshalb nimmt man an, dass englische Seefahrer die Rezeptur auf die Azoreninsel brachten.

**Herstellung** Der geformte und gepresste Teig reift mindestens 3 Monate.

**In der Küche** Pur zu Wein oder frisch gerieben zur Verfeinerung von Suppen, Saucen oder Aufläufen.

**Getränketipp** Weißwein, z. B. Vinho verde

# SBRINZ (AOC)

**Käseart** Schnittkäse

**Milch** Rohmilch von der Kuh

**Fettgehalt** 45 % i. Tr.

**Herkunft** Innerschweiz

**Eigenschaften** Ein sehr aromatischer, vollmundig-mürber und pikanter Käse, der sich hervorragend als Reibekäse verwenden lässt.

**Geschichte** Einer der ältesten Käse der Schweiz. Die Römer kannten ihn bereits unter dem Namen „caseus helveticus". Da er lange haltbar war, nahmen ihn die Römer als Proviant auf ihren Feldzügen mit.

**Herstellung** Die erhitzte Milch wird mit Lab versetzt, dann geschnitten und die Molke von der Käsemasse getrennt. Nach dem Formen und Pressen wird der Käse 18 Tage in ein Salzbad gelegt, danach lagert er 2 Monate. Weitere 16 – 22 Monate reift er hochkant.

**In der Küche** Der Reibekäse verfeinert Saucen und Suppen, ist auch ideal zum Überbacken.

**Getränketipp** Rotwein, z. B. Spätburgunder, Merlot oder Barolo

# Scamorza

**Käseart** Halbfester Schnittfrischkäse

**Milch** Kuhmilch

**Fettgehalt** 45 – 50 % i. Tr.

**Herkunft** Piemont, Abruzzen, Italien

**Eigenschaften** Verwandt mit Mozzarella und Provolone. Der birnenförmige Scamorza bildet eine dünne glatte Haut. Sein Teig ist gelblich und für einen Frischkäse sehr kompakt. Scamorza schmeckt angenehm frisch. Als besondere Delikatesse gilt die geräucherte Variante.

**Herstellung** Wie alle Filata-Sorten wird der frische Käsebruch des Scamorza mit 80 °C heißem Wasser überbrüht. Die heiße Masse wird unter Rühren zu einem weichen und formbaren Teig verarbeitet. Danach werden gleichmäßige Stücke abgetrennt. Nach dem Abkühlen erfolgt ein Bad in Salzlake.

**In der Küche** Schmeckt pur zu Brot, er kann aber auch gebraten und gefüllt werden, z. B. mit Auberginen. Auch zum Überbacken geeignet.

**Getränketipp** Frische duftige Weißweine, z. B. Chardonnay, Gavi, Trebbiano oder Pinot Grigio

# Schabziger

**Käseart** Hartkäse

**Milch** Pasteurisierte Kuhmilch

**Fettgehalt** 1 % i. Tr.

**Herkunft** Kanton Glarus, Schweiz

**Eigenschaften** Der zylindrisch geformte Schabziger hat eine grünliche Farbe und einen vollwürzigen Geschmack, der auf den Schabzigerklee zurückgeht.

**Geschichte** Ein alter Klosterkäse, sein Vorgänger wurde bereits im 8. Jh. erwähnt. Er gehörte zu den Abgaben, welche die Glarner an das Kloster entrichten mussten.

**Herstellung** Der aus Magermilch hergestellte Käse wird nach 4 – 12 Wochen Reife als Rohziger bezeichnet. Der Rohziger wird zerrieben, mit Salz vermischt und weitere 3 Monate gelagert und unter Gewichten gepresst. Danach vermischt man den Käse mit gemahlenem Schabzigerklee.

**In der Küche** Mit dem Reibekäse lassen sich Suppen, Saucen, Nudel- und Kartoffelgerichte verfeinern.

**Getränketipp** Weißwein, z. B. Fendant

# Selles-sur-Cher (AOC)

**Käseart** Weichkäse

**Milch** Pasteurisierte oder rohe Ziegenmilch

**Fettgehalt** 45 % i. Tr.

**Herkunft** Berry (Region südl. von Paris), Frankreich

**Eigenschaften** Der Selles-sur-Cher schmeckt leicht säuerlich und angenehm salzig. Er hat ein mildes nussiges Aroma, das leicht nach Ziege duftet.

**Herstellung** Die ausgeformten Laibe werden mit Salz und Pflanzenasche eingerieben, sie reifen zwischen 10 Tagen und 12 Wochen.

**In der Küche** Ideal als Dessertkäse. Die Einheimischen aus der Heimatregion an der Loire essen die Rinde konsequent mit, da sie dem Käse erst seine besondere Note verleiht.

**Getränketipp** Die Weine seiner Heimat: trockener Touraine blanc oder leichter fruchtiger Roter wie Chinon oder Bourgueil

# Serra da Estrela

**Käseart** Halbfester Schnittkäse

**Milch** Rohe Schafsmilch

**Fettgehalt** 45% i. Tr.

**Herkunft** Serra da Estrela, Portugal

**Eigenschaften** Der Käse hat einen pikant-würzigen Geschmack, sein Teig ist hellgelb, ohne Löcher und cremig-weich. Die harte Rinde hat feine Risse.

**Herstellung** Die Schafsmilch wird durch die Zugabe von Distelsaft dickgelegt. Nach dem Salzen reift der Käse 30 Tage, zuerst in feuchten Räumen, dann in kalten trockenen Kellern oder Höhlen.

**In der Küche** Er gehört auf eine Käseplatte und schmeckt hervorragend zum Aperitif. Auch für die warme Küche geeignet. Siehe Rezept S. 257.

**Getränketipp** Rotwein, z.B. Val de Luca Sangiovese oder Redondo

# SØVIND

**Käseart** Halbfester Schnittkäse

**Milch** Pasteurisierte Kuhmilch

**Fettgehalt** 55 % i. Tr.

**Herkunft** Nordwesten von Dänemark

**Eigenschaften**
Der Søvind verdankt sein einzigartiges, leicht salziges Aroma der reinen mineralstoffhaltigen Nordseeluft.

**Herstellung** Er ist in unterschiedlichen Reifegraden erhältlich.

**In der Küche** Schmeckt gut zu Brot, ist aber auch zum Überbacken geeignet.

**Getränketipp** Weißwein, z. B. Silvaner, Orvieto, Sauvignon, oder Rotwein wie Beaujolais oder milde Spätburgunder

# Soumaintrain

**Käseart** Frischkäse

**Milch** Rohe oder pasteurisierte Kuhmilch

**Fettgehalt** 45 % i. Tr.

**Herkunft** Burgund, Frankreich

**Eigenschaften** Der Soumaintrain schmeckt jung und frisch und hat einen zarten, cremigen Teig. Der reife Käse hat einen intensiven Geschmack. Die feuchte Rinde ist orangerot.

**Herstellung** Durch Milchsäuregerinnung gewonnener, wenig gereifter Käse mit leicht säuerlichem Geschmack. Er reift 6–8 Wochen und wird in dieser Zeit regelmäßig mit Marc de Bourgogne gewaschen.

Während der Reifung wird der Soumaintrain mehrfach mit Salzlake gewaschen.

**In der Küche** Ideal zum Dessert, mit frischem Baguette- oder Roggenbrot, auch zum Verfeinern von Suppen oder zum Überbacken.

**Getränketipp** Marc de Bourgogne, Sauvignon blanc

# Steinbuscher

**Käseart** Halbfester Schnittkäse

**Milch** Pasteurisierte Kuhmilch

**Fettgehalt** 30, 45 oder 50 % i. Tr.

**Herkunft** Industrielle Herstellung in ganz Deutschland

**Eigenschaften** Steinbuscher kann je nach Fettgehalt und Reifungsdauer eine Geschmacksrichtung von mild bis zu pikant haben. Die Rinde ist gelbbraun bis rötlich, der Teig blassgelb und weich.

**Geschichte** Steinbuscher stammt aus dem Kreis Arnswalde in Ostpreußen. Dort wurde er seit 1830 hergestellt. Heute gilt er als Allgäuer Spezialität.

**Herstellung** Die kleinen quadratischen Käsestücke werden zum Reifen mit Rotschmierekulturen behandelt. Sie reifen 6–8 Wochen.

**In der Küche** Pur oder auf Brot.

**Getränketipp** Leichte spritzige Weißweine, z.B. Riesling, Weißherbst, oder junge leichte Rotweine

# Steppenkäse

**Käseart** Halbfester Schnittkäse

**Milch** Pasteurisierte Kuhmilch

**Fettgehalt** 30 oder 45 % i. Tr.

**Herkunft** Deutschland

**Eigenschaften** Der Steppenkäse nach Art des Tilsiters besitzt eine glatte Rinde mit rötlichgelber Schmiere. Sein Teig ist hellgelb und geschmeidig mit unregelmäßig verteilten Löchern. Sein Geschmack ist würzig-pikant.

**Geschichte** Ursprünglich wurde der Steppenkäse aus der Milch von Steppenrindern hergestellt.

**Herstellung** Nach Art des Tilsiters. Sein dänischer Bruder heißt Danbo.

**In der Küche** Bereichert jede Käseplatte, schmeckt zu und auf Brot und eignet sich gut fürs Raclette. Siehe Rezept S. 265.

**Getränketipp** Leichte spritzige Weißweine, z.B. Riesling, Weißherbst, oder junge leichte Rotweine

# Stilton, Blue Stilton (PDO)

**Käseart** Halbfester Schnittkäse

**Milch** Pasteurisierte Kuhmilch

**Fettgehalt** 48 % i. Tr.

**Herkunft** Grafschaften Derbyshire, Leicestershire, Nottinghamshire, England

**Eigenschaften** Der Stilton besitzt ein ausgeprägt nussiges, sehr würziges Aroma, das mit zunehmendem Alter immer kräftiger wird und in seiner Charakteristik zwischen Gorgonzola und Roquefort angesiedelt ist.

**Geschichte** Wer im 18. Jh. in Stilton Rast machte, kehrte im Dorfkrug „Bell Inn" ein und stärkte sich mit Brot und einem cremigen, blau geädertem Käse. Vielen schmeckte dieser Käse so gut, dass sie ihn mit auf ihre weite Reise nahmen und ihn so auch außerhalb von Stilton bekannt und berühmt machten.

**Herstellung** Der Bruch wird mit Schimmelpilzkulturen geimpft, gesalzen und geformt. Er reift ca. 12 Wochen in bestimmten Reifungsräumen, in dieser Zeit wird er mehrmals angestochen, damit Luft ins Käseinnere gelangt und die Schimmelkultur wachsen kann.

**In der Küche** Sowohl als Menü-Abschluss wie auch zum Überbacken, als Saucengrundlage oder Salat-Zutat.

**Getränketipp** Edelsüße Weine, z.B. Beerenauslese, Sauternes

# SVECIA

**Käseart** Fester Schnittkäse

**Milch** Pasteurisierte Kuhmilch

**Fettgehalt** 28 % i. Tr.

**Herkunft** Schweden

**Eigenschaften** Der wie ein Wagenrad geformte Käse ist mild im Geschmack, der hellgelbe Teig ist von kleinen Löchern durchzogen. Die Rinde ist gewachst.

**Geschichte** Die schwedische Kopie des holländischen Edamers.

**Herstellung** Der Käse reift nach dem Salzen 3 Monate, um als milde Variante in den Handel zu kommen. Nach 1 Jahr Reifezeit schmeckt der Käse würzig-pikant. Der Käse ist auch mit Zusätzen, z. B. Gewürznelke und Kümmel, erhältlich. Die angereichterten Käse haben eine rote Wachsschicht.

**In der Küche** Idealer Belag für Brot. In Schweden isst man ihn gern zusammen mit gekochtem Schinken und Gurken- und Tomatenscheiben.

**Getränketipp** Weißwein, z. B. Silvaner, Orvieto, Sauvignon, oder Rotwein wie Beaujolais oder milde Spätburgunder

# TALEGGIO (DOC)

**Käseart** Weichkäse

**Milch** Kuhmilch, pasteurisiert oder als Rohmilch

**Fettgehalt** 48 % i. Tr.

**Herkunft** Provinzen Bergamo, Como, Mailand, Brescia und andere lombardische Provinzen, Italien

**Eigenschaften** Der Taleggio schmeckt süßlich mit einer leicht säuerlichen Nuance. Seine Rinde ist dünn, weich und rötlich, sein Teig weiß bis zart strohfarben. Seine Form erinnert an einen Backstein.

**Geschichte** Eine der ältesten lombardischen Käsesorten, Taleggio wurde wohl bereits im 9. Jh. produziert.

**Herstellung** Die Einsalzung erfolgt trocken oder in Salzbrühe. Er reift ca. 40 Tage. Durch Dekret vom 30. 10. 1955 ist dieser Käse und seine Bezeichnung geschützt.

**In der Küche** Zum Abschluss einer Mahlzeit mit Früchten und Nussbrot, zum Überbacken oder für Risotto.

**Getränketipp** Rotwein, z. B. Barbaresco oder Barolo

# TÊTE DE MOINE (AOC)

**Käseart** Fester Schnittkäse

**Milch** Rohe Kuhmilch

**Fettgehalt** 50 % i. Tr.

**Herkunft** Berner Jura, Schweiz

**Eigenschaften** Ein milder, blumig-würziger Käse in zylindrischer Form, der mit einem Spezialmesser kreisförmig geschabt wird.

**Geschichte** „Erfunden" haben ihn im 12. Jh. die Mönche des Klosters Bellelay im Schweizer Jura. Er diente als Zahlungsmittel.

**Herstellung** Die Milch wird in Kupferkesseln erhitzt, mit Lab versetzt und der Käsebruch zerkleinert, gepresst und wieder erhitzt. Dann folgt ein 12-stündiges Salzbad. Der reifende Käse wird mit Salzwasser behandelt, um die Bildung der Rindenschmiere zu fördern. Er reift insgesamt ca. 3 Monate auf Fichtenbrettern.

**In der Küche** Tête de Moine reibt man am bestens mit einem Drehmesser, der Girolle, die mittig auf den kalten Käse gesetzt wird. Dreht man im Uhrzeigersinn, entstehen Rosetten. Sie erinnern an die Tonsur bei Mönchen, was dem Käse auch den Namen „Mönchskopf" einbrachte.

**Getränketipp** Weißwein, z. B. Fendant oder Rotwein wie Spätburgunder oder Barolo

# Tetilla (D.O.P.)

**Käseart** Halbfester Schnittkäse

**Milch** Pasteurisierte Kuhmilch

**Fettgehalt** 45 % i. Tr.

**Herkunft** Galicien, Spanien

**Eigenschaften** Der Tetilla zeichnet sich schon äußerlich durch seine markante Form aus, die einer abgeflachten Zitze gleicht. Der milde Schnittkäse besitzt ein angenehm milchiges, leicht säuerliches und fettreiches Aroma. Der Teig ist cremig, mit wenigen Löchern.

**Herstellung** Aus der Milch der Rubia-, Gallego- und Friesenkühe hergestellt. Der dickgelegte Käsebruch wird gepresst, gesalzen und reift anschließend 1 Woche bis mehrere Monate.

**In der Küche** Klein gewürfelt zu Wein oder zum Überbacken. Traditionell isst man den Käse zu Quittenmus und Brot.

**Getränketipp** Rotwein, z. B. Rioja

**Käseart** Halbfester Schnittkäse

**Milch** Pasteurisierte Kuhmilch

**Fettgehalt** 30–60% i. Tr.

**Herkunft** Allgäu (Bayern) und Norddeutschland (Ostseeküste)

**Eigenschaften** Tilsiter schmeckt herb und pikant, sein Teig ist elfenbeinfarben bis gelb und geschmeidig, mit vielen kleinen unregelmäßigen Löchern.

**Geschichte** Die Heimat des Tilsiters liegt im ehemaligen Tilsit (heute Sovetsk) an der Memel (Ostpreußen). Dort ist er seit dem 19. Jh. bekannt. Die Tilsiter-Art der Käseherstellung brachten Schweizer Auswanderer mit ihrer Käsereikunst in die Region. Im Original wird der Käse mit Rotschmiere behandelt.

**Herstellung** Er wird in der Regel aus pasteurisierter Milch hergestellt, nur wenige Bauernhöfe verwenden Rohmilch. Der Käsebruch wird in die Formen geschüttet, nicht gepresst. Tilsiter wird auch gern mit Pfefferkörnern angereichert.

**In der Küche** In Scheiben geschnitten auf Brot, gewürfelt in Salat. Fettreicher Tilsiter eignet sich auch zum Überbacken.

**Getränketipp** Rotwein, z. B. Spätburgunder

# Toma Maccagno

**Käseart** Weichkäse

**Milch** Rohe und pasteurisierte Kuhmilch

**Fettgehalt** 48 % i. Tr.

**Herkunft** Piemont, Italien

**Eigenschaften** Schmeckt stets leicht ausdrucksvoll, mild-würzig, nie pikant. Der zylindrisch geformte Käse hat eine dicke raue Kruste von strohgelber bis brauner Farbe. Sie wird mit Safran gefärbt. Innen ist er weich und gelbbraun bis strohgelb.

**Herstellung** Nach dem Abfließen der Molke ruht der Käse 24 Stunden in der Form, dann wird er gesalzen und gereinigt. Er reift 4 Wochen bis 60 Tage, in denen er regelmäßig mit einer Salzlake abgewaschen wird.

**In der Küche** Ein idealer Tafelkäse, er bereichert jede Käseplatte und schmeckt auch zu Brot bzw. Obst. Auch zum Überbacken.

**Getränketipp** Rotwein, z.B. Nero d'Avola, Montepulciano oder Nebbiolo d'Alba

# TOMA VALESIA

**Käseart** Weichkäse

**Milch** Rohe oder pasteurisierte Kuhmilch

**Fettgehalt** 45 % i. Tr.

**Herkunft** Piemont, Italien

**Eigenschaften** Der mit dem Toma Maccagno verwandte Toma Valesia hat einen milden Geschmack mit leicht pikanter Note. Er wird meist jung verzehrt.

**Herstellung** Nach dem Abfließen der Molke ruht der Käse in der Form, dann wird er gesalzen und gereinigt.

**In der Küche** Ein idealer Tafelkäse, er bereichert jede Käseplatte und schmeckt auch zu Brot bzw. Obst. Auch zum Überbacken.

**Getränketipp** Rotwein, z. B. Nero d'Avola, Montepulciano oder Nebbiolo d'Alba

# Tometta Valle Elvo

**Käseart** Weichkäse

**Milch** Pasteurisierte Kuhmilch

**Fettgehalt** 48 % i. Tr.

**Herkunft** Piemont, Italien

**Eigenschaften** Er zeichnet sich durch seinen zarten Geschmack aus, der mit zunehmender Reifung immer ausdrucksvoller wird. Sein Teig ist geschmeidig und seine Naturrinde ist mit Safran eingefärbt. Er ist auch gewürzt mit Chili oder Schnittlauch erhältlich.

**Herstellung** Nach dem Abfließen der Molke ruht der Käse in der Form, dann wird er gesalzen und gereinigt. Er reift in Grotten.

**In der Küche** Schmeckt zu frischem Weiß- und Roggenbrot, bereichert jede Käseplatte und eignet sich auch zum Überbacken.

**Getränketipp** Rotwein, z.B. Nero d'Avola, Montepulciano oder Nebbiolo d'Alba, oder Weißwein, z.B. Pinot Grigio

# Tomme de Savoie (AOC)

**Käseart** Halbfester Schnittkäse

**Milch** Kuhmilch, roh oder pasteurisiert

**Fettgehalt** 40 % i. Tr.

**Herkunft** Savoyen, Frankreich

**Eigenschaften** Unter seiner harten grauen Rinde mit gelben oder roten Edelpilzflecken verbirgt sich ein klebriger Teig, der zwar nach Keller riecht, aber mild-cremig schmeckt.

**Geschichte** Der Begriff Tomme de Savoie ist eine Sortenbezeichnung und in der Regel mit dem Namen des Dorfes verknüpft, aus dem der Käse kommt. Es heißt, in den Savoyen gäbe es fast so viele Tommes wie Berge und Täler.

**Herstellung** Zunächst wird der Rahm zu Butter verarbeitet und dann die entrahmte Milch zum Käsen verwendet. Aus diesem Grunde sind Tommes seit jeher fettarm (20 – 40 %). Mittlerweile sind jedoch auch Sorten aus Vollmilch im Handel.

**In der Küche** Passt gut zu kräftigem Mehrkornbrot, auch zum Überbacken geeignet.

**Getränketipp** Weine aus den Savoyen und dem Jura sowie leichte Rotweine, etwa Côtes du Rhône

# Trappistenkäse

**Käseart** Halbfester Schnittkäse

**Milch** Pasteurisierte Kuhmilch

**Fettgehalt** 45–60 % i. Tr.

**Herkunft** Deutschland

**Eigenschaften** Der Trappistenkäse besitzt eine glatte Rinde mit rötlichgelber Schmiere bzw. einen Überzug aus Wachs. Der Teig ist hellgelb und geschmeidig und hat zahlreiche kleine, runde bis schlitzförmige Löcher.

**Geschichte** Der Trappistenkäse wurde ursprünglich von Trappistenmönchen in der Normandie hergestellt. Es handelte sich um einen katholischen Orden.

**Herstellung** Er reift 4–6 Wochen.

**In der Küche** Er schmeckt zu frischem Obst, z. B. Äpfeln oder Birnen und bereichert jedes kräftige Roggenbrot.

**Getränketipp** Spritzige Weißweine und leichte Rotweine

# Ubriaco

**Käseart** Halbfester Schnittkäse

**Milch** Rohe oder pasteurisierte Kuh-, Schafs- oder Ziegenmilch

**Fettgehalt** 48 % i. Tr.

**Herkunft** Venetien, Italien

**Eigenschaften** Ein mit Tresten des Merlot und Cabernet verfeinerter Käse, der erste, der auf diese Weise verarbeitet wurde. Er hat einen feinen intensiven Geschmack. Sein Name bedeutet „Der Trunkene".

**Geschichte** Wie die meisten Erfindungen, ist auch diese aus der Not entstanden: Als die Olivenölpreise stiegen, verbot man den Bauern, die Käserinden damit einzureiben, und damit schlug die Geburtsstunde des Ubriaco.

**Herstellung** Nach einer Reifezeit von 20 Tagen werden die Laibe in frischen Trester aus roten Trauben gelegt. Gern werden dazu Traubensorten Cabernet, Merlot oder Raboso verwendet. Über einen Zeitraum von 35–40 Stunden und einer Temperatur von 18–20 °C nimmt der Käse ein ausgiebiges Bad. Die spätere Rinde ist vom Wein dunkelrot und sehr hart.

**In der Küche** Ein idealer Dessertkäse, schmeckt gut zu frischem Obst, etwa Trauben und Brot.

**Getränketipp** Rotwein, z. B. Merlot oder Raboso

# Vacherin Mont d'Or (AOC)

**Käseart** Weichkäse

**Milch** Pasteurisierte oder rohe Kuhmilch

**Fettgehalt** 50 % i. Tr.

**Herkunft** Schweizer Jura

**Eigenschaften** Der Vacherin Mont d'Or ist mild aromatisch und hat einen typischen Beigeschmack nach Tannenholz. Die Rinde ist rotbraun und zeigt weiß bis gelbliche Schattierungen. Der gelblichweiße Teig ist cremig weich und hat wenige kleine Löcher.

**Geschichte** Man nimmt an, dass der französische Ziegenkäse Chevrotin ein Vorläufer des Vacherin war und mangels Ziegen- aus Kuhmilch hergestellt wurde, was zur Namensänderung führte.

**Herstellung** Nach 3 Wochen Reifezeit entwickelt er einen milden, leicht süßlichen Geschmack. Er reift in einem Gebinde aus Tannenholz und -rinde, was ausschlaggebend für seinen Geschmack ist. Im Handel ist der Vacherin von September bis März.

**In der Küche** Als Dessert wie als vollständige Mahlzeit. Besonders köstlich ist er aus dem Ofen: Käse in Alufolie packen, mehrmals mit einer Gabel einstechen, 1–2 Knoblauchzehen in den Teig stecken. Mit etwas Weißwein übergießen. Anschließend im vorgeheizten Backofen (200 °C) 25 Minuten backen und dann löffeln.

**Getränketipp** Chardonnay, oder Rotwein wie Shiraz

# VALENÇAY

**Käseart** Weichkäse

**Milch** Rohe oder pasteurisierte Ziegenmilch

**Fettgehalt** 45% i. Tr.

**Herkunft** Berry (Region südl. von Paris), Frankreich

**Eigenschaften** Seine mit Pflanzenasche überzogene Oberfläche bildet eine dünne Rinde, die je nach Alter von schwarz (junger Käse) bis zu weißgrau (reifer Käse) reicht und eine blaugrüne Schimmelschicht bildet. Der Teig ist weiß und weich und glatt in der Konsistenz. Im Geschmack und Geruch ist er sehr fein, leicht nussig und mit ausgeprägtem Ziegenmilchgeschmack.

**Geschichte** Napoleon soll verantwortlich dafür sein, dass dem Pyramidenkäse die „Spitze" fehlt. Nach der Niederlage gegen Ägypten war der Herrscher beim Anblick des Käses so aufgebracht, dass er ihm mit seinem Schwert die Spitze abgeschlagen haben soll.

**Herstellung** Der geformte Käse wird mit Edelpilz und Pflanzenasche bestäubt. Reift 2 Wochen bei etwa 80% Luftfeuchtigkeit.

**In der Küche** Ideal zum Abschluss einer Mahlzeit, passt auch auf jede Käseplatte.

**Getränketipp** Weißweine wie Sauvignon oder Chardonnay, Rotweine von den Côtes du Rhône oder Languedoc-Roussillon

# Vera Paglietta

**Käseart** Weichkäse

**Milch** Rohe Kuh-, Ziegen- und Schafsmilch

**Fettgehalt** 48 % i. Tr.

**Herkunft** Piemont, Italien

**Eigenschaften** Mit zunehmender Reifung wird auch der Geschmack dieses norditalienischen Weichkäses immer ausgeprägter. Die Rinde ist dünn, der Teig cremig und pikant.

**Geschichte** Sein Name leitet sich vom italienischen Wort „paglia" für Stroh ab.

**Herstellung** Der runde Käse reift auf Stroh.

**In der Küche** Ein idealer Dessertkäse, schmeckt gut zu frischem Obst, etwa Trauben und Brot.

**Getränketipp** Leichte Rotweine, z.B. Bardolino, Barbera d'Alba, Dolcetto, und leichte Weißweine wie Trebbiano, Galestro oder Orvieto

# WEINKÄSE

**Käseart** Weichkäse

**Milch** Pasteurisierte Kuhmilch

**Fettgehalt** Mindestens 45 % i. Tr.

**Herkunft** Süddeutschland

**Eigenschaften** Der Weinkäse ähnelt dem Limburger und Romadur. Er ist jedoch milder als die anderen Rotschmierekäse. Er schmeckt rahmig-mild. Die blass gelbe bis rötliche Oberfläche mit leicht klebriger Haut besitzt keine Rinde. Die österreichische Variante wird mit Wein behandelt.

**Herstellung** Der Weinkäse reift in 8 – 14 Tagen heran.

**In der Küche** Er wird zum Wein gegessen. Er schmeckt zu Brot, verfeinert grüne Blattsalate und eignet sich auch zum Überbacken.

**Getränketipp** Herbe fruchtige Rotweine, z. B. Dornfelder, Spätburgunder, Merlot oder Bordeaux, oder spritzige Weißweine, etwa Riesling

# Weisslacker

**Käseart** Halbfester Schnittkäse

**Milch** Pasteurisierte Kuhmilch

**Fettgehalt** 48 % i. Tr.

**Herkunft** Süddeutschland

**Eigenschaften** Weißlacker zeichnet sich durch den ihm eigenen sehr pikanten und scharfen Geschmack aus. Er ist rindenlos, der Teig hat eine weiße Farbe.

**Geschichte** Der aus dem Oberallgäu stammende Käse verdankt seinen Namen der weißen, lackartigen Schmiere auf der Oberfläche. Die Brüder Josef und Anton Kramer kreierten diesen Käse 1876.

**Herstellung** Der würfelförmige Käse reift 3 Monate in gekühlten Reifungsräumen. Er wird in dieser Zeit regelmäßig mit Salz bestreut und geschmiert. Danach wird er in Alufolie verpackt und reift weitere 3 – 4 Monate.

**In der Küche** Weißlackerwürfel schmecken zu Bier und Laugengebäck. Auch geeignet für Rohkostalate.

**Getränketipp** Der Weißlacker lässt sich wohl mit Wein genießen, am besten schmeckt er allerdings zu Bier, z. B. Weißbier.

# Wensleydale

**Käseart** Halbfester Schnittkäse

**Milch** Pasteurisierte Kuhmilch

**Fettgehalt** 48 % i. Tr.

**Herkunft** Wensleydale, im Nordwesten Yorkshires, England

**Eigenschaften** Charakteristisch für den Wensleydale ist seine cremige Milde. Unter der Naturrinde, die gewachst sein kann, verbirgt sich ein feinkörniger, hellgelber Teig mit mild-süßlichem Aroma.

**Geschichte** Zisterziensermönche, die mit Wilhelm dem Eroberer im 11. Jahrhundert aus Frankreich kamen, brachten aus ihrer Heimat Kenntnisse in der Käseherstellung mit.

**Herstellung** In bäuerlicher Tradition und nach dessen „Ur-Rezeptur" mit pflanzlichem Lab dickgelegt. Der Käse reift mit Tüchern umwickelt 1–3 Monate in Trockenräumen. Der Smoked Wensleydale wird 24 Stunden geräuchert, bei dem White Wensleydale handelt es sich um einen sehr jungen Käse, der nur 3 Wochen reift.

**In der Küche** In England isst man ihn gerne als Dessert oder zum Nachmittagstee in Begleitung zu einem Stück Apple Pie.

**Getränketipp** Tee

# Wilstermarsch

**Käseart** Halbfester Schnittkäse

**Milch** Pasteurisierte Kuhmilch, Vollmilch oder mit Rahm

**Fettgehalt** Bis 60 % i. Tr.

**Herkunft** Holstein, Deutschland

**Eigenschaften** Ein leicht säuerlicher milder Käse.

**Geschichte** Seine Wiege sind die Marschweiden an der Elbe. Die eingewanderten Holländer brachten ihre Fertigkeiten der Käseherstellung mit und so wurde vom 16. Jh. der feinherbe Wilstermarschkäse hergestellt.

**Herstellung** Der mit dem Tilsiter verwandte Wilstermarsch reift in 4 Wochen heran.

**In der Küche** Schmeckt ideal auf Brot, bereichert jede Käseplatte und lässt sich zum Überbacken oder Verfeinern von Saucen und Suppen verwenden.

**Getränketipp** Fruchtige Rotweine, z. B. Spätburgunder oder Lemberger

# Zamorano (D.O.P.)

**Käseart** Hartkäse

**Milch** Rohe oder pasteurisierte Schafsmilch

**Fettgehalt** Mindestens 45 % i. Tr.

**Herkunft** Provinz Zamorano (kastilische Hochebene), Spanien

**Eigenschaften** Der herzhafte Zamorano besitzt einen ausgeprägt kräftigen, vollwürzigen Geschmack. In manchen Käsereien wird der Käse eine Zeit lang in Olivenöl eingelegt, wodurch das Aroma merklich intensiviert wird. Die Laibe sind zylinderförmig mit einer harten, blassgelben oder dunkelgrauen Rinde, auf der Abdrücke der Form und des Esparto-Geflechts zu sehen sind.

**Herstellung** Aus der Milch der nur in der Provinz Zamora lebenden Schafsrassen Churra und Castellana hergestellt. Der geformte, gepresste und gesalzene Käse reift mindestens 100 Tage lang; dabei wird er von Zeit zu Zeit äußerlich gereinigt und gewendet, um eine gleichmäßige Reifung zu gewährleisten.

**In der Küche** Eingelegt in Öl, als Salatzutat oder zu Brot.

**Getränketipp** Rotwein, z. B. Crianza

# Köstliche Rezepte mit Käse

# Überbackene Griesstaler

*Zubereitungszeit: ca. 50 Minuten; ca. 1759 kJ/419 kcal*

1 1/2 l Wasser mit der Milch, etwas Salz, Pfeffer und geriebener Muskatnuss aufkochen lassen. Den Grieß unterrühren und sämig kochen. Die Masse etwas abkühlen lassen.

2 Das Ei verquirlen und zu der Grießmasse geben. Den Grießbrei auf ein mit kaltem Wasser abgespültes Backblech streichen und auskühlen lassen. Mit einem runden Ausstecher (ca. 5 cm Ø) Taler ausstechen.

3 Die Grießtaler dachzielgelartig in eine gefettete feuerfeste Form (2 l Inhalt) legen und mit Käse bestreuen. Die Brühe angießen. Die Taler im vorgeheizten Backofen bei 200 °C (Gas Stufe 3/Umluft 180 °C) auf der 2. Einschubleiste von unten ca. 20 Minuten backen. Mit Kräutern garniert servieren.

**Zutaten für 4 Portionen**

*1/2 l Milch*
*Salz*
*Pfeffer aus der Mühle*
*geriebene Muskatnuss*
*250 g Weizengrieß*
*1 Ei*
*Butter für die Form*
*50 g geriebener Appenzeller*
*100 ml Instant-Gemüsebrühe*
*Kräuter zum Garnieren*

# Gemüse mit Schafskäse

*Zubereitungszeit: ca. 45 Minuten; ca. 2082 kJ/495 kcal*

1 Auberginen in Scheiben schneiden, beidseitig salzen und 20 Minuten ziehen lassen. Sellerie in Stücke schneiden und längs halbieren. Zwiebeln in Ringe schneiden. Auberginen mit Küchenpapier trockentupfen, in Öl in einer Pfanne portionsweise anbraten. Auf Papier abtropfen lassen.

2 Tomaten häuten, halbieren, entkernen und in Stücke schneiden.

3 Gemüse im Bratfett andünsten. Auberginen, Kapern, Zucker, Rosinen, Pinenkerne und Essig hinzufügen. Ca. 10 Minuten zugedeckt schmoren lassen. Mit Salz und Pfeffer abschmecken.

4 Das Gemüse abkühlen lassen, auf Tellern anrichten, den Schafskäse darüber zerbröseln und mit Kräutern garniert servieren.

**Zutaten für 4 Portionen**

*500 g Auberginen*
*Salz*
*200 g Staudensellerie*
*6 kleine rote Zwiebeln*
*7 El Knoblauchöl*
*400 g Tomaten*
*50 g Kapern*
*2 El Zucker*
*1 El Rosinen*
*10 g gehackte Pinienkerne*
*100 ml Balsamessig*
*Pfeffer aus der Mühle*
*200 g Schafskäse*
*Kräuter zum Garnieren*

# Käse-Schmarren

*Zubereitungszeit: ca. 45 Minuten; ca. 1738 kJ/414 kcal*

1 Kartoffeln schälen und gar kochen. Abgießen und fein reiben.

2 Butter, Salz, Muskat und Haselnüsse unter die Kartoffeln rühren. Die Eier trennen. Eigelb mit Zucker verquirlen und unter die Kartoffelmischung heben. Eiweiß mit 1 Prise Salz steif schlagen und unterziehen.

3 Das Öl in einer Pfanne erhitzen, den Teig portionsweise einfüllen. Den Teig ca. 3 Minuten stocken lassen, bis die Unterseite goldbraun ist.

4 Mit zwei Gabeln in Stücke reißen, wenden und von der anderen Seite ebenfalls goldbraun backen.

5 Den Schmarren kurz vor Ende der Garzeit dick mit Käse bestreuen. Auf Tellern anrichten und mit Kräutern garnieren.

***Zutaten für 4 Portionen***

*250 g Kartoffeln*
*Salz*
*1 El Butter*
*Salz*
*geriebene Muskatnuss*
*1 EI gemahlene Haselnüsse*
*2 kleine Eier*
*1 El Zucker*
*2 El Sonneblumenöl*
*125 g geriebener Greyerzer (Gruyère)*
*Kräuter zum Garnieren*

# Brunnenkressesuppe

*Zubereitungszeit: ca. 90 Minuten; ca. 2268 kJ/540 kcal*

1 Kalbsbrust im Kalbsfond zum Kochen bringen. Zugedeckt ca. 1 Stunde köcheln lassen. Die Brühe während des Garens mehrmals abschäumen.

2 Brunnenkresse waschen, trockenschütteln und die Blättchen von den Stielen zupfen. Brunnenkresse, bis auf ein paar Blättchen zum Garnieren, mit der Sahne ca. 10 Minuten vor Ende der Garzeit zur Suppe geben.

3 Das Fleisch herausnehmen, in grobe Stücke schneiden und wieder in die Suppe geben.

4 Die Suppe mit dem Schneidstab des Handrührers fein pürieren, mit Salz, Pfeffer und Muskat abschmecken und auf Teller verteilen. Geriebenen Käse darüberstreuen und mit Brunnenkresse garnieren.

**Zutaten für 4 Portionen**

*300 g Kalbsbrust*
*1 l Kalbsfond aus dem Glas*
*2 Bund Brunnenkresse*
*100 ml Schlagsahne*
*Salz*
*Pfeffer aus der Mühle*
*geriebene Muskatnuss*
*100 g geriebener Emmentaler*

# Blumenkohltopf

*Zubereitungszeit: ca. 60 Minuten; ca. 2173 kJ/517 kcal*

1 Blumenkohl in Röschen teilen, Kasseler in Würfel, Käse in Streifen schneiden. Zwiebeln pellen und würfeln.

2 Jeweils die Hälfte von Blumenkohl, Kasseler und Kapern in einem großen Topf übereinander schichten, mit 1/3 des Käses bedecken. Vorgang wiederholen. Mit Salz, Kümmel und Muskat würzen.

3 Zwiebelwürfel auf dem Käse verteilen. Mit Öl beträufeln. Mit Salz, Kümmel und Muskat würzen und mit dem restlichen Käse belegen. Bier und Gemüsebrühe angießen.

4 Blumenkohl-Gemüse-Mischung im fest verschlossenen Topf zum Kochen bringen und bei schwacher Hitze ca. 45 Minuten garen.

**Zutaten für 4 Portionen**

*600 g Blumenkohl*
*200 g Kasseler*
*200 g Bel Paese*
*2 Zwiebeln*
*2 El Kapern*
*4 El Olivenöl*
*Salz*
*1 Tl Kümmel*
*geriebene Muskatnuss*
*100 ml helles Bier*
*200 ml Gemüsebrühe*

# Käse-Rosenkohl-Salat

*Zubereitungszeit: ca. 20 Minuten; ca. 1634 kJ/389 kcal*

1 Den Rosenkohlröschen halbieren und in kochendem Salzwasser in ca. 5 Minuten garen.

2 Essig mit Salz und Pfeffer verrühren. Das Öl anschließend unterschlagen. Zwiebel und Knoblauchzehe pellen und fein hacken. Mit dem Kümmel unter die Marinade rühren. Petersilie fein hacken und ebenfalls unter die Marinade rühren.

3 Rosenkohl abgießen und noch warm mit der Marinade mischen. Zugedeckt abkühlen lassen.

4 Die Fleischwurst und den Käse in kleine Würfel schneiden und unter den Salat heben. Den Rosenkohl-Salat ca. 10 Minuten durchziehen lassen und anschließend mit Kräutern garniert servieren.

**Zutaten für 4 Portionen**

*750 g Rosenkohl*
*Salz*
*3 El Kräuteressig*
*Pfeffer aus der Mühle*
*4 El Traubenkernöl*
*1 Zwiebel*
*1 Knoblauchzehe*
*1 Tl Kümmel*
*1 Bund Petersilie*
*100 g Fleischwurst*
*100 g Gouda*
*Kräuter zum Garnieren*

# Spargelplatte mit Käse-Pesto

*Zubereitungszeit: ca. 40 Minuten; ca. 2745 kJ/653 kcal*

**1** Spargel schälen (den Grünen nur am unteren Ende) und Spargel getrennt in reichlich kochendem Salzwasser mit etwas Zucker bei mittlerer Hitze ca. 12 (grün) bzw. 16 Minuten (weiß) garen.

**2** Kürbiskerne fein mahlen. Basilikum bis auf einen kleinen Rest zum Garnieren fein hacken. Kürbiskerne, Basilikum und Käse in eine Schüssel geben, Knoblauchzehen dazupressen, mit Salz und Pfeffer würzen. Öl unterrühren.

**3** Den Spargel mit einer Schaumkelle aus dem Topf nehmen, abtropfen lassen und zusammen mit dem gekochten und dem rohen Schinken auf einer Platte anrichten. Das Pesto über dem Spargel verteilen, mit Basilikum garnieren und sofort servieren. Dazu passen Salzkartoffeln.

**Zutaten für 4 Portionen**

*400 g weißer Spargel*
*400 g grüner Spargel*
*Salz*
*Zucker*
*50 g Kürbiskerne*
*2 Bund Basilikum*
*100 g fein geriebener Mahon*
*2 Knoblauchzehen*
*Pfeffer aus der Mühle*
*8 El Distelöl*
*75 g gekochter Schinken*
*75 g roher Schinken*

# Bauernsalat

*Zubereitungszeit: ca. 20 Minuten; ca. 1861 kJ/443 kcal*

1 Die Paprikaschoten halbieren, entkernen, waschen und in Streifen schneiden. Die Zwiebeln pellen und in Ringe schneiden. Die Oliven in einem Sieb abtropfen lassen. Das Kasseler in dünne Streifen schneiden. Den Thymian waschen, trockenschütteln und die Blättchen abzupfen.

2 Den Schafskäse in Würfel schneiden und mit Thymian, Kasseler, Oliven, Zwiebeln und Paprikastreifen mischen.

3 Essig mit Salz, Pfeffer und Paprikapulver verrühren. Öl unterschlagen, die Sauce mit den Salatzutaten mischen.

4 Den Salat auf Tellern anrichten und mit Kräutern garniert servieren.

**Zutaten für 4 Portionen**

*je 1 rote, gelbe und grüne Paprikaschote*

*2 Zwiebeln*

*10 schwarze Oliven ohne Stein*

*100 g Kasseler in Scheiben*

*1 Zweig Thymian*

*200 g Serra da Estrela*

*3 El Kräuteressig*

*Salz*

*Pfeffer aus der Mühle*

*Paprikapulver*

*4 El Olivenöl*

*Kräuter zum Garnieren*

# Brokkoli mit Roquefortsahne

*Zubereitungszeit: ca. 20 Minuten; ca. 1802 kJ/429 kcal*

1 Den Brokkoli waschen und in kleine Röschen teilen. In wenig kochendem Salzwasser ca. 8 Minuten garen.

2 Butter zerlassen. Roquefort in kleine Stücke schneiden, mit Sahne dazugeben und den Käse unter Rühren schmelzen lassen. Weißwein und Safran unterrühren, Sauce kurz aufkochen lassen. Topf vom Herd nehmen und Eigelb unterrühren. Roquefort-Sahne mit Salz, Pfeffer und Zitronensaft abschmecken.

3 Den Brokkoli abgießen, abschrecken und abtropfen lassen. Die Brokkoli-Röschen in vier Gratinförmchen geben und die Roquefort-Sahne darauf verteilen. Im vorgeheizten Backofen bei 200 °C (Gas Stufe 3/ Umluft 180 °C) auf der 2. Einschubleiste von unten 5–6 Minuten überbacken. Sofort servieren.

**Zutaten für 4 Portionen**

*500 g Brokkoli*
*Salz*
*100 g Butter*
*100 g Roquefort*
*100 ml Schlagsahne*
*100 ml trockener Weißwein*
*1 g gemahlener Safran*
*1 Eigelb*
*Pfeffer aus der Mühle*
*1 El Zitronensaft*

# Hähnchenbrust mit Käsehaube

*Zubereitungszeit: ca. 30 Minuten; ca. 2468 kJ/587 kcal*

1 Spitzkohl in Streifen schneiden, Zwiebel würfeln. Butter erhitzen und Zwiebelwürfel darin glasig dünsten. Spitzkohl dazugeben und zugedeckt etwa 15 Minuten dünsten. Mit Salz, Pfeffer und Zucker würzen.

2 Hähnchenbrustfilets salzen und pfeffern, in Öl ca. 5 Minuten von beiden Seiten braten.

3 Eine feuerfeste Form (3 l Inhalt) ausfetten und Spitzkohl einfüllen. Die Hähnchenbrustfilets darauf verteilen. Die Hähnchenbrustfilets zuerst mit dem Schinken, dann mit dem Käse belegen und im vorgeheizten Backofen bei 200 °C (Gas Stufe 3/Umluft 180 °C) ca. 5 Minuten auf der 2. Einschubleiste von unten überbacken, bis der Käse geschmolzen ist. Mit Paprikapulver und Kräutern bestreut servieren.

### Zutaten für 4 Portionen

*1 kg Spitzkohl*
*1 Zwiebel*
*30 g Butter*
*Salz, Pfeffer*
*1 Prise Zucker*
*4 Hähnchenbrustfilets*
*3 El Olivenöl*
*Fett für die Form*
*4 Scheiben gekochter Schinken*
*4 Scheiben Geheimratskäse*
*Paprikapulver*
*Kräuter zum Garnieren*

# LAMMTOPF

*Zubereitungszeit: ca. 150 Minuten; ca. 4571 kJ/1122 kcal*

1 Das Fleisch trockentupfen. Mit Salz und Pfeffer einreiben. Eine feuerfeste Form (3 l Inhalt) ausfetten und die Fleischscheiben hineingeben.

2 Die Tomaten häuten und vierteln. Die Hirse auf dem Fleisch verteilen. Die Lauchzwiebeln in Ringe schneiden. Den Knoblauch pellen und durchpressen. Die Salbeiblätter grob hacken.

3 Die Tomaten, Lauchzwiebeln und den Knoblauch auf die Hirse geben, mit Salz und Pfeffer würzen und mit Koriander und Salbei bestreuen. Den geriebenen Käse darüberstreuen.

4 Den Lammkeulentopf zugedeckt im vorgeheizten Backofen bei 200 °C (Gas Stufe 3/Umluft 180 °C) 1 1/2 – 2 Stunden backen.

***Zutaten für 4 Portionen***

*1 kg Lammkeule in Scheiben*
*Salz*
*Pfeffer aus der Mühle*
*Fett für die Form*
*400 g Tomaten*
*250 g gegarte Hirse*
*5 Lauchzwiebeln*
*2 Knoblauchzehen*
*20 g Salbeiblätter*
*1 Msp. gemahlener Koriander*
*300 g Montasio*

# Rinderfilet mit Wildkräutern

*Zubereitungszeit: ca. 35 Minuten; ca. 2816 kJ/670 kcal*

1 Das Fleisch in 8 Scheiben (jeweils 1 cm dick) schneiden. Die Kräuter bis auf einen Rest zum Garnieren fein hacken. Die Frühlingszwiebeln putzen, waschen und ebenfalls fein hacken. 3 El Öl mit dem Käse, den Kräutern und den Frühlingszwiebeln verrühren.

2 4 Filetscheiben mit der Käsemasse bestreichen. Die übrigen 4 Filets darauf legen. Mit Salz und Pfeffer würzen. Den Bacon in Steifen schneiden und gitterförmig auf dem oberen Filet anordnen. Mit Küchengarn zusammenbinden.

3 Die Filets mit dem restlichen Öl bestreichen und unter dem Grill des Backofens von jeder Seite ca. 5 Minuten grillen. Mit Kräutern garniert servieren.

**Zutaten für 4 Portionen**

*750 g Rinderfilet*

*100 g gemischte Wildkräuter (Löwenzahn, Sauerampfer, Bärlauch)*

*2 Frühlingszwiebeln*

*5 El Knoblauchöl*

*200 g geriebener Mimolette*

*4 Scheiben Bacon (Frühstücksspeck)*

*Salz*

*grob gemahlener Zitronenpfeffer*

# Gratinierter Lengfisch

*Zubereitungszeit: ca. 60 Minuten; ca. 1647 kJ/394 kcal*

1 Den Fisch mit Zitronensaft, Salz und Pfeffer würzen. Die Frühlingszwiebeln waschen, putzen, in Ringe schneiden und 5 Minuten in der Butter andünsten.

2 2 Fischfilets in eine ofenfeste Form (3 l Inhalt) legen, die Hälfte der Zwiebelbutter darauf verteilen, dann den restlichen Fisch und zum Schluss die restliche Zwiebelbutter darübergeben. Den Käse raspeln und darüber streuen.

3 Den Fisch im vorgeheizten Backofen bei 225 °C (Gas Stufe 4/Umluft 200 °C) auf der 2. Einschubleiste von unten 40 – 50 Minuten backen.

***Zutaten für 4 Portionen***

*4 Lengfischfilets (à ca. 150 g)*
*4 Tl Zitronensaft*
*Salz*
*Pfeffer aus der Mühle*
*1 Bund Frühlingszwiebeln*
*80 g Butter*
*100 g Jarlsberg*

# Reisklösschen mit Käse

*Zubereitungszeit: ca. 75 Minuten; ca. 2269 kJ/540 kcal*

1 Reis garen. Aus Milch, Ei, Quark und Reis einen Teig kneten. Petersilie hacken, mit 1 gepressten Knoblauchzehe und der Hälfte des Käses unter den Teig kneten, würzen.

2 Aus dem Teig Klöße formen und in der siedenden Brühe ca. 5 Minuten ziehen lassen. Tomaten würfeln. Zwiebeln und restlichen Knoblauch hacken. Speck würfeln und auslassen. Zwiebeln und Knoblauch darin andünsten. Tomatenmark dazugeben, Tomaten unterrühren, würzen und zugedeckt ca. 30 Minuten dünsten. Basilikum in Streifen schneiden. Unter die Sauce rühren.

3 Tomatensauce in eine Form geben, Klößchen darauf verteilen und mit dem restlichen Käse bestreuen. Im Ofen bei 250 °C (Gas Stufe 6/Umluft 220 °C) ca. 10 Minuten überbacken.

### Zutaten für 4 Portionen

*250 g Reis*
*100 ml Milch*
*1 Ei*
*125 g Magerquark*
*1 Bund Petersilie*
*3 Knoblauchzehen*
*100 g geriebener Comté*
*Salz, Pfeffer, Muskatnuss*
*1 l Instant-Gemüsebrühe*
*750 g Fleischtomaten*
*2 Zwiebeln*
*50 g durchwachsener Speck*
*6 El Tomatenmark*
*1/2 Bund Basilikum*

# Kräutereier mit Pfifferlingen

*Zubereitungszeit: ca. 45 Minuten; ca. 2430 kJ/578 kcal*

1 Eine feuerfeste Form (3 l Inhalt) fetten. Petersilie fein hacken. Pfifferlinge putzen, waschen und abtropfen lassen. Petersilie mit dem Käse mischen und die Form mit der Hälfte der Käse-Kräuter-Masse ausstreuen.

2 Speck und Zwiebel würfeln. Öl erhitzen und Speck darin auslassen. Zwiebeln dazugeben und glasig dünsten. Pfifferlinge dazugeben und ca. 4 Minuten mitdünsten, würzen. Pilzmischung in der gefetteten Form verteilen. Eier verquirlen, würzen und darübergeben.

3 Das Ganze mit der restlichen Käse-Kräuter-Mischung bestreuen, Basilikumblättchen und Butterflöckchen darauf verteilen. Im vorgeheizten Backofen bei 180 °C (Gas Stufe 2/Umluft 160 °C) 20 – 25 Minuten backen.

**Zutaten für 4 Portionen**

*1 El Butter für die Form*
*1 Bund Petersilie*
*250 g Pfifferlinge*
*150 g Abondance*
*125 g durchwachsener Speck*
*1 Zwiebel*
*2 El Öl*
*Salz*
*Pfeffer aus der Mühle*
*1/4 Bund Basilikum*
*8 Eier*
*20 g Butterflöckchen*

# Kartoffelgratin mit Kräutern

*Zubereitungszeit: ca. 60 – 90 Minuten; ca. 3282 kJ/781 kcal*

1 Kartoffeln schälen, in feine Scheiben schneiden und trockentupfen.

2 Die Milch mit den Eiern verquirlen. Die Knoblauchzehe pellen, durchpressen und unterrühren. Die Kräuter fein hacken und zusammen mit dem Käse dazugeben. Mit Salz, Pfeffer und Muskat pikant abschmecken.

3 Eine Auflaufform (2 l Inhalt) mit Butter ausfetten und die Kartoffelscheiben einschichten. Jede Schicht mit der Eiermilch begießen.

4 Die Butterflöckchen darauf setzen und das Gratin im vorgeheizten Backofen bei 180 °C (Gas Stufe 2/Umluft 160 °C) 40 – 50 Minuten backen. Bräunt die Oberfläche zu stark, diese mit Alufolie abdecken.

**Zutaten für 4 Portionen**

*1 kg Kartoffeln*
*1/2 l Milch*
*4 Eier*
*1 Knoblauchzehe*
*1/2 Bund Petersile*
*1/2 Bund Salbei*
*300 g geraspelter Steppenkäse*
*Salz*
*Pfeffer aus der Mühle*
*geriebene Muskatnuss*
*Butter für die Form und Butter in Flöckchen*

# Spinat auf Kartoffelscheiben

*Zubereitungszeit: ca. 45 Minuten; ca. 1500 kJ/353 kcal*

1 Den Spinat gründlich waschen, blanchieren, abschrecken und dann gut ausdrücken. Die Kartoffeln schälen, in dünne Scheiben schneiden und ebenfalls blanchieren.

2 Knoblauch pressen. Zwiebeln würfeln und in der Butter andünsten. Spinat dazugeben und zusammenfallen lassen. Mit Salz, Pfeffer, Muskat und Knoblauch würzen.

3 Die Kartoffelscheiben in vier flache, ofenfeste Förmchen verteilen. Würzen und den Spinat darauf geben.

4 Käse hacken und darüberstreuen. Aus Zitronensaft, Salz, Pfeffer und Öl eine Sauce rühren und über den Spinat gießen. Die Förmchen im Backofen bei 225 °C (Gas Stufe 4/Umluft 200 °C) 7 – 10 Minuten überbacken.

***Zutaten für 4 Portionen***

*600 g Blattspinat*
*Salz*
*500 g Kartoffeln*
*1 Knoblauchzehe*
*2 Zwiebeln*
*20 g Butter*
*Pfeffer aus der Mühle*
*geriebene Muskatnuss*
*200 g Formaggio di Fossa*
*1 – 2 El Zitronensaft*
*4 El Olivenöl*

# Nudelsalat

*Zubereitungszeit: ca. 35 Minuten; ca. 2101 kJ/500 kcal*

1 Die Nudeln bissfest garen. Abgießen, abschrecken, abtropfen und abkühlen lassen.

2 Die Tomaten in Achtel schneiden. Den Eisbergsalat putzen, in Streifen schneiden, waschen, trockenschleudern und auf vier Teller verteilen.

3 Den Käse in Würfel schneiden und die Käsewürfel in Paprikapulver wenden.

4 Käsewürfel, Nudeln und Tomaten mischen und auf dem Eisbergsalat anrichten.

5 Den Joghurt mit dem Zitronensaft glattrühren und mit Salz und Pfeffer abschmecken. Die Sauce mit den Salatzutaten mischen und den Salat etwas durchziehen lassen. Den Salat mit Kräutern garniert servieren.

**Zutaten für 4 Portionen**

*200 g Hörnchennudeln*
*Salz*
*5 Tomaten*
*1 Eisbergsalat*
*200 g Leerdamer*
*Paprikapulver*
*300 g Magerjoghurt*
*2 El Zitronensaft*
*Pfeffer aus der Mühle*
*Kräuter zum Garnieren*

# Scampi-Reis mit Pecorino

*Zubereitungszeit: ca. 45 Minuten; ca. 2173 kJ/517 kcal*

1 Zwiebel und Knoblauch fein hacken. Champignons putzen, halbieren oder vierteln. Tomaten häuten, vierteln, entkernen und würfeln.

2 1 El Öl erhitzen, Zwiebeln und Knoblauch darin dünsten. Reis dazugeben und kurz anrösten. Brühe angießen und zum Kochen bringen. Champignons und Tomaten dazugeben, zugedeckt bei milder Hitze ca. 20 Minuten garen. 10 Minuten vor Ende der Garzeit die unaufgetauten Erbsen dazugeben. Mit Salz und Pfeffer würzen.

3 Scampi im restlichen Öl kurz anbraten, salzen und pfeffern. Pecorino in dünne Scheiben hobeln. Den Reis mit den Scampi auf Tellern anrichten, mit Pecorino bestreuen und mit Kräutern garniert servieren.

**Zutaten für 4 Portionen**

*1 Zwiebel*
*1 Knoblauchzehe*
*200 g Champignons*
*4 Fleischtomaten*
*2 El Olivenöl*
*200 g Langkornreis*
*600 ml Instant-Gemüsebrühe*
*100 g TK-Erbsen*
*Salz*
*Pfeffer aus der Mühle*
*8 gekochte Scampi ohne Schale*
*150 g Pecorino*
*Kräuter zum Garnieren*

# Endiviensalat mit Entenbrust

*Zubereitungszeit: ca. 30 Minuten; ca. 3942 kJ/938 kcal*

1 Die Entenbrust mit Pfeffer würzen, in Öl von jeder Seite ca. 5 Minuten braten. Herausnehmen, salzen und abkühlen lassen.

2 Endiviensalat in Streifen schneiden. Sojabohnenkeimlinge waschen und abtropfen lassen. Apfel waschen, halbieren, entkernen und in Stifte schneiden. Walnusskerne grob hacken. Butterkäse und Entenbrust in Streifen schneiden. Alle Salatzutaten vermengen.

3 Zitronensaft mit Essig und Senf verrühren, mit Salz und Pfeffer würzen. Das Öl nach und nach unterrühren.

4 Die Salatzutaten mit der Sauce mischen. Den Salat auf Tellern anrichten. Die Pumpernickelscheiben zerbröseln und über den Salat geben.

**Zutaten für 4 Portionen**

*300 g Entenbrust*
*Pfeffer aus der Mühle*
*2 El Öl*
*Salz*
*1 Kopf Endiviensalat*
*100 g Sojabohnenkeimlinge*
*1 Apfel*
*50 g Walnusskerne*
*200 g Butterkäse*
*4 El Zitronensaft*
*2 El Weißweinessig*
*1 Tl Senf*
*6 El Distelöl*
*2 Scheiben Pumpernickel*

# Bulgurrisotto mit Leber

*Zubereitungszeit: ca. 90 Minuten; ca. 2812 kJ/669 kcal*

1 Bulgur waschen und abtropfen lassen. Zwiebeln und Knoblauchzehen pellen und fein hacken. Öl erhitzen und die Zwiebel- und Knoblauchwürfel darin glasig dünsten.

2 Den Bulgur dazugeben, kurz anrösten und mit der Brühe ablöschen. Zugedeckt bei milder Hitze ca. 1 Stunde ausquellen lassen.

3 Kürbis in kleine Würfel schneiden. Leber in Streifen schneiden. Das Butterschmalz erhitzen und die Leberstreifen darin portionsweise rundherum ca. 5 Minuten kräftig anbraten. Alles mit Salz und Pfeffer würzen.

4 Die Leber zusammen mit dem Kürbis und dem Parmesan unter den Bulgur heben. Mit Kräutern garniert servieren.

**Zutaten für 4 Portionen**

*250 g Bulgur*
*2 Zwiebeln*
*2 Knoblauchzehen*
*2 El Öl*
*1/8 l Instant-Gemüsebrühe*
*1 Glas Kürbis (225 g EW)*
*600 g Kalbsleber*
*2 El Butterschmalz*
*Salz*
*Pfeffer aus der Mühle*
*75 g frisch geriebener Parmesan*
*Kräuter zum Garnieren*

# Rührei-Champignon-Toast

*Zubereitungszeit: ca. 30 Minuten; ca. 1386 kJ/330 kcal*

1 Champignons putzen und in Scheiben schneiden. Speck würfeln und in einer Pfanne auslassen. Champignons dazugeben und unter Rühren braten, bis die Flüssigkeit verdampft ist. Mit Salz und Pfeffer würzen.

2 Brotscheiben rösten. Tomaten in Scheiben schneiden. Eier mit etwas Salz verquirlen und in heißer Butter unter Rühren stocken lassen.

3 Die Toastscheiben mit Tomatenscheiben belegen, das Rührei und dann die Champignon-Speck-Mischung darauf verteilen. Die Toasts mit je 1 Scheibe Käse belegen und im vorgeheizten Backofen bei 250 °C (Gas Stufe 6/Umluft 225 °C) ca. 10 Minuten überbacken. Die Toasts mit Petersilie garniert servieren.

**Zutaten für 4 Portionen**

*50 g kleine Champignons*
*50 g durchwachsener Speck*
*Salz*
*Pfeffer aus der Mühle*
*4 Scheiben Toastbrot*
*2 Tomaten*
*2 Eier*
*20 g Butter*
*4 Scheiben Samso*
*Petersilie zum Garnieren*

# Mango-Kiwi-Salat

*Zubereitungszeit: ca. 20 Minuten; ca. 1525 kJ/363 kcal*

1 Die Mango schälen und das Fruchtfleisch in Spalten vom Stein abschneiden. Die Spalten in mundgerechte Stücke schneiden.

2 Die Kiwi schälen, längs halbieren und in Scheiben schneiden.

3 Den Käse in Würfel schneiden. Den Salat waschen, trockenschleudern und in mundgerechte Stücke zupfen.

4 Den Zitronensaft mit Salz, Pfeffer und Zucker verrühren und das Öl unterschlagen.

5 Die Salatzutaten mit der Sauce mischen und den Mango-Kiwi-Salat mit Zitronenmelisse garniert servieren.

**Zutaten für 4 Portionen**

*1 Mango*
*3 Kiwis*
*200 g Bergader Edelpilz*
*1 Lollo rosso*
*2 El Zitronensaft*
*Salz*
*Pfeffer aus der Mühle*
*Zucker*
*4 El Öl*
*Zitronenmelisse zum Garnieren*

# Gaperon auf marinierten Pilzen

*Zubereitungszeit: ca. 20 Minuten; ca. 1506 kJ/358 kcal*

1 Die Pilze kurz abbrausen, trockentupfen und in Scheiben schneiden. Die Kräuter waschen und trockenschütteln, die Blättchen abzupfen. Das Öl in einer Pfanne erhitzen und die Pilze hellbraun anbraten.

2 Den Essig dazugießen und die Kräuter dazugeben. Einige Blättchen zum Garnieren zurückbehalten. Das Ganze kurz aufkochen lassen, mit Salz, Pfeffer und Zucker abschmecken.

3 Die Pilze abkühlen lassen und mindestens 2 Stunden marinieren lassen.

4 Die Knoblauchzehe pellen und vier Dessertschalen mit Knoblauch einreiben. Die Pilze darauf verteilen. Den Käse darüber hobeln und mit den Kräutern garniert servieren.

**Zutaten für 4 Portionen**

*500 g Austernpilze*
*1 Zweig Rosmarin*
*1 Zweig Salbei*
*5 El Olivenöl*
*4 El Himbeeressig*
*Meersalz aus der Mühle*
*Pfeffer aus der Mühle*
*1 Prise Zucker*
*1 Knoblauchzehe*
*200 g Gaperon*

# Knoblauch-Käse-Baguette

*Zubereitungszeit: ca. 25 Minuten; ca. 3873 kJ/922 kcal*

1 Den Ricotta in eine Schüssel geben und mit der Milch glattrühren. Die Salami würfeln und mit dem Parmesan zum Ricotta geben. Die weiche Butter ebenfalls dazugeben. Die Knoblauchzehen dazupressen. Alles verrühren, mit Salz und Paprika abschmecken.

2 Das Baguette alle 2–3 cm schräg einschneiden und die Schnittstellen mit der Käsecreme bestreichen.

3 Das Brot fest in Alufolie einwickeln und im vorgeheizten Backofen bei 220 °C (Gas Stufe 4/Umluft 200 °C) ca. 15 Minuten backen.

4 Das Baguette noch heiß in Scheiben schneiden und sofort servieren.

**Zutaten für 4 Portionen**

*250 g Ricotta*
*100 ml Milch*
*100 g Salami am Stück*
*200 g frisch geriebener Parmesan*
*125 g weiche Butter*
*3 Knoblauchzehen*
*Salz*
*Paprikapulver edelsüß*
*1 Baguette (ca. 300 g)*

# Obatzta

*Zubereitungszeit: ca. 20 Minuten; ca. 1460 kJ/347 kcal*

1 Den Romadur mit der Butter in einer Schüssel verkneten.

2 Die Lauchzwiebel putzen, waschen und in kleine Stücke schneiden. Dann unter die Käsemischung rühren. Mit Salz und Pfeffer abschmecken. Das Eigelb unterrühren.

3 Alle Zutaten gut verkneten und zu einem Laib formen.

4 Den Rettich schälen, mit einem Spiralausstecher zu einer Spirale schneiden, mit Salz bestreuen und mit dem Käse auf einer Holzplatte anrichten.

5 Die Petersilie waschen, trockenschütteln, fein hacken und über den Rettich streuen. Dazu passen Laugenbrezeln.

***Zutaten für 4 Portionen***

*250 g reifer Romadur*
*50 g weiche Butter*
*1 Lauchzwiebel*
*Salz*
*Pfeffer aus der Mühle*
*1 Eigelb*
*1 kleiner Rettich*
*1/2 Bund Petersilie*

# Sommer-Baguette

*Zubereitungszeit: ca. 20 Minuten; ca. 2819 kJ/671 kcal*

1 Die Baguettebrötchen halbieren und mit etwas Butter bestreichen. Mit dem Schinken belegen.

2 Die Tomaten waschen, abtrocknen und in Scheiben schneiden. Die Oliven abtropfen lassen und ebenfalls in Scheiben schneiden. Die Baguettebrötchen mit den Tomaten- und den Olivenscheiben belegen.

3 Die Kräuter bis auf einen Rest zum Garnieren fein hacken und auf die Brötchenhälften verteilen. Diese mit Salz und Pfeffer würzen.

4 Den Käse in Scheiben schneiden, die Sommer-Baguettes damit belegen und im vorgeheizten Backofen bei 200 °C (Gas Stufe 3/Umluft 180 °C) 5 – 10 Minuten überbacken. Mit Kräutern garniert servieren.

**Zutaten für 4 Portionen**

*2 Baguettebrötchen*
*Butter zum Bestreichen*
*4 Scheiben Parmaschinken*
*300 g Tomaten*
*200 g schwarze Oliven ohne Stein*
*1/2 Bund Basilikum*
*1/2 Bund Rukola (Rauke)*
*Salz*
*Pfeffer*
*250 g Mozzarella*

# PIKANTE KÄSECREME

*Zubereitungszeit: ca. 15 Minuten; ca. 1736 kJ/413 kcal*

1 Den Käse fein raspeln. Den Schinkenspeck in feine Würfel schneiden.

2 Die Chilischote putzen, entkernen, waschen und fein hacken. Die Zwiebel pellen und fein würfeln.

3 Den Quark mit der Milch glattrühren. Die Käseraspeln, den Schinkenspeck, die Chilischote und die Zwiebelwürfel unterheben. Mit Salz und Paprikapulver abschmecken und das Bier unterrühren.

4 Den Schnittlauch waschen, trockenschütteln und in feine Röllchen schneiden. Die Käsecreme mit Schnittlauchröllchen bestreut servieren. In einer Schale anrichten und Cracker dazu reichen.

***Zutaten für 4 Portionen***

*100 g Sbrinz*
*200 g Provolone*
*150 g Schinkenspeck*
*1 rote Chilischote*
*1 kleine Zwiebel*
*350 g Magerquark*
*100 ml Milch*
*Salz*
*Paprikapulver*
*2 cl helles Bier*
*1 Bund Schnittlauch*

# Gebackener Camembert

*Zubereitungszeit: ca. 25 Minuten; ca. 1912 kJ/455 kcal*

1 Die Camembert-Hälften noch einmal halbieren.

2 Die Eier verquirlen. Das Paniermehl auf einem Teller verteilen und mit etwas Pfeffer bestreuen. Die Camembert-Stücke zuerst im Ei, dann im Paniermehl mit etwas Pfeffer wenden.

3 Das Öl in einer Fritteuse erhitzen und den Camembert darin goldbraun ausbacken. Auf Küchenpapier gut abtropfen lassen.

4 Auf jeden Cracker ein Stück Camembert legen und mit der Cumberlandsauce anrichten. Mit Kräutern garniert servieren.

**Zutaten für 4 Portionen**

*4 Camemberthälften*
*2 Eier*
*2 El Paniermehl*
*schwarzer Pfeffer aus der Mühle*
*1 l Öl zum Frittieren*
*8 Cracker*
*Cumberlandsauce (Fertigprodukt)*
*Kräuter zum Garnieren*

# Käse-Buletten

*Zubereitungszeit: ca. 35 Minuten; ca. 2215 kJ/527 kcal*

1 Die Zwiebel pellen und in Würfel schneiden. Die Brötchen in der lauwarmen Milch einweichen, ausdrücken und mit den Zwiebelwürfeln zum Hackfleisch geben.

2 Alles verkneten und kräftig mit Salz, Pfeffer und Muskat würzen.

3 Den Käse in grobe Würfel schneiden. Aus dem Hackfleisch Buletten formen und diese jeweils mit einem gehäuften Esslöffel Käsewürfel füllen.

4 Das Öl erhitzen und die Bouletten darin von jeder Seite 5–8 Minuten braten. Mit Kräutern garniert servieren.

***Zutaten für 4 Portionen***

*1 Zwiebel*
*2 altbackene Brötchen*
*200 ml lauwarme Milch*
*500 g Hackfleisch, halb und halb*
*Salz*
*Pfeffer aus der Mühle*
*geriebene Muskatnuss*
*200 g Allgäuer Bergkäse*
*4 El Öl*
*Kräuter zum Garnieren*

# Obstsalat mit Gorgonzola

*Zubereitungszeit: ca. 30 Minuten; ca. 1816 kJ/432 kcal*

1 Apfel und Birne waschen und in Würfel schneiden. Ananasscheiben in Stücke schneiden, in einem Sieb abtropfen lassen. Erdbeeren waschen, putzen und abtropfen lassen. Himbeeren putzen. Trauben waschen, abtropfen lassen, halbieren und entkernen. Pfirsiche häuten, halbieren, entsteinen und in Würfel schneiden. Alle Obstsorten in einer Schüssel mischen.

2 Zucker unter Rühren karamellisieren lassen. Mit 6 El Wasser ablöschen und unter Rühren aufkochen lassen. Den Sirup erkalten lassen und dann mit dem Limonensaft und dem Maraschino verrühren.

3 Den Gorgonzola in Würfel schneiden und mit dem Obst mischen. Die Sauce unterheben. Den Obstsalat mit Minze garniert servieren.

**Zutaten für 4 Portionen**

*1 Apfel*
*1 Birne*
*2 Scheiben Ananas aus der Dose*
*150 g Erdbeeren*
*150 g Himbeeren*
*200 g blaue Trauben*
*2 Pfirsiche*
*175 g Zucker*
*3 El Limonensaft*
*4 cl Maraschino*
*150 g fester Gorgonzola*
*Minze zum Garnieren*

# MASCARPONE-PISTAZIEN-EIS

*Zubereitungszeit: ca. 20 Minuten; ca. 692 kJ/164 kcal*

1 Die Cocktailkirschen in Scheiben schneiden.

2 Den Mascarpone mit dem Kirschsaft verrühren. Das Pistazieneis mit dem Schneebesen unter die Mascarpone-Creme rühren. Zitronat, Orangeat und Cocktailkirschen unterheben.

3 Den Boden einer Kastenform (25 cm) mit 1/4 der Eiscreme bestreichen. Mit 3 Butterkeksen belegen. Den Vorgang dreimal wiederholen. Die letzte Schicht bilden 3 Butterkekse.

4 Die Eiscreme ca. 4 Stunden im Tiefkühlgerät gefrieren lassen. 15 Minuten vor dem Servieren das Eis aus dem Gefrierfach nehmen, auf einer Platte stürzen und mit den gehackten Pistazien garniert servieren.

***Zutaten für 4 Portionen***

*20 Cocktailkirschen*
*250 g Mascarpone*
*2 cl Kirschsaft*
*1000 ml Pistazieneis*
*50 g Zitronat*
*50 g Orangeat*
*12 Butterkekse*
*100 g gehackte Pistazien*

# Kleines Käse-Glossar

**à point** Ein Käse ist à point gereift, wenn er den optimalen Reifegrad erreicht hat.

**Affinage** Die Affinage ist der Verfeinerungsprozess von Käse während der Reife- und Lagerzeit im Keller.

**Affineur** Der Affineur ist derjenige, der dem Käse durch seine Pflege und Verfeinerung zu seinem typischen Geschmack verhilft.

**AOC** Abkürzung für Appelation d'Origine Contrôlée. Dieses Siegel garantiert, dass es sich um ein Qualitätsprodukt handelt, das innerhalb einer bestimmten Region und nach traditioneller Methode hergestellt wurde.

**artisanal** Bezeichnet Käse, der vorwiegend in Handarbeit hergestellt wurde.

**Bruch** Der Bruch ist die nach der Milchgerinnung entstehende Gallerte, die mit einer Käseharfe zerkleinert wird. Je feinkörniger der Bruch ist, desto fester und trockener wird später der Käse.

**Dicklegen** Vorgang, der die festen und flüssigen Bestandteile der Milch voneinander trennt.

**Fermentation** Die Fermentation eines Käses bezeichnet den geschmacklichen Entwicklungsprozess während der Reifung des Käses bis zum Verzehr.

**Fermier** Ein Fermier ist ein Käsehersteller (Bauernhof oder Sennhütte), der nur Rohmilch aus eigener Produktion verwendet.

**Fettgehalt** Der Fettgehalt von Käse wird in Prozenten Fett in der Trockenmasse angegeben.

**Käseharfe** Gerät, mit dem die dickgelegte Milch zerkleinert wird. Dabei werden die »Saiten« der Käseharfe durch den Bruch gezogen, bis die gewünschte Grob- oder Feinkörnigkeit erreicht ist.

**Kasein** Das Kasein ist ein Eiweißstoff der Milch und ein für das Dicklegen der Milch wesentlicher Bestandteil.

**Lab** Eiweißspaltendes Enzym, das die Milch gerinnen lässt.

**Pasteurisation** Kurzzeitiges Erhitzen der Milch auf 70–75 °C, um Bakterien abzutöten.

**Penicillium** Schimmelpilz, der sich während der Reifung auf oder im Inneren des Käses entwickelt.

**Rotschmierkäse** Alle Käsesorten mit gewaschener Rinde heißen Rotschmierkäse.

**Trockenmasse** Alle Bestandteile von Käse außer dem Wasser: Eiweiß, Fett, Kohlenhydrate, Mineralstoffe und Vitamine.

**Weißschimmelkäse** Weichkäse, auf dessen Oberfläche sich ein Schimmelrasen bildet, der durch *Penicillium candidum* entsteht.

# Rezeptverzeichnis

## Rezepte zu ausgewählten Käsesorten